你只是假装很努力

赵　强◆著

廣東旅游出版社
GUANGDONG TRAVEL & TOURISM PRESS
悦读书·悦旅行·悦享人生

中国·广州

图书在版编目（CIP）数据

你只是假装很努力 / 赵强著. — 广州 : 广东旅游出版社, 2016.12
ISBN 978-7-5570-0440-8

Ⅰ. ①你… Ⅱ. ①赵… Ⅲ. ①企业－职工－修养－通俗读物 Ⅳ. ①F272.92-49

中国版本图书馆CIP数据核字（2016）第184755号

出 版 人：刘志松
责任编辑：冯 婉 贾占闯
内文设计：邓传志
封面设计：回归线视觉传达
责任技编：刘振华
责任校对：李瑞苑

Ni Zhishi Jiazhuang Hennuli

广东旅游出版社出版发行
（广州市越秀区环市东路338号银政大厦西楼12楼 邮编：510518）
邮购电话：020-87348243
广东旅游出版社图书网
www.tourpress.cn
深圳市希望印务有限公司印刷
（深圳市坂田吉华路505号大丹工业园A栋二楼）
787毫米×1092毫米 16开 12印张 145千字
2016年12月第1版第1次印刷
定价：25.00元

CONTENTS 目录

抱怨却利少弊多，没有多少正面意义。事实上，很多时候问题都出在我们自己身上。而找对解决方法，想要的结果就会适时地出现。

有一位经理，当他被下属的“如果”、“假如”搞得头昏脑涨后，想到了一个办法。他在办公室里贴上了一张纸，上面写着：这里是“无如果区”。同时他宣布，9 月份是“无如果月”，并通知所有员工“在本月，我们只解决问题，我们不说如果”。

不久，这位经理接到了一通电话，是一位顾客打来的，抱怨这位经理送货迟到了。经理原本想向顾客解释送货迟到的原因，但一想到自己刚刚宣布9 月份是“无如果月”，于是对顾客说：“的确如此，下次再也不会发生了。”随后，他安抚了顾客，并承诺赔偿。

后来，这位顾客给公司写了一封表扬信，赞扬公司员工解决问题的态度和出色的服务。他说：“没有听到千篇一律的托辞令他感到意外和新鲜。”他赞赏该公司的“无如果”运动是一次伟大的改革。

显而易见，抱怨在此只能为己为人徒增烦恼，对解决问题一点好处都没有。还不如赶快掉转枪口，面对问题，解决问题，这才是正道。

抱怨往往没用，但很多人却喜欢找各种无意义的借口。职场非战场，却胜似战场，它没有枪林弹雨，却有勾心斗角；没有滚木礌石，却有尔虞我诈。身在其中，胆小者“保命”，睿智者“保值”。这一差别，即源自因抱怨而找的借口。故此，控制抱怨，降低危害，是身在一切组织当中的一切人的当务之急。

我们要清楚，工作是为了自己的现在和未来，所以提升自己，珍惜机会，别把自己当成旁观者，要努力在工作中证明自己，我们才能走得更远。因无法完成某项工作而来的抱怨，是借口横生的关键。或者更深入地探析，我们的内心一旦缺乏对眼下事物的容纳，不懂得剔除负面情绪，总在抱怨及抱怨而来的借口中找寻想要的结果，就会失去方向，不但在职场中难以走在前面，在人生中也会步入歧路。

抱怨在此只能为己为人徒增烦恼，对解决问题一点好处都没有。还不如赶快掉转枪口，面对问题，解决问题，这才是正道。

借口是失败的温床

潘石屹的手下有个人叫胡闻俊，当初他只是个房地产代理公司的发单员。初中毕业的他，没学历、没背景，空有一身力气和满腔激情。进入潘石屹的企业之初，他没表现出异于常人之处，反倒处处笨手笨脚，连给客户介绍楼盘也是支支吾吾。

幸运的是，他从老板潘石屹那里得到了成功的方法——那是上班第一天潘石屹讲话中的一句："不找借口找方法，胜任才是硬道理。"这话听着挺俗，对他却很有效。

从 1997 年进入潘石屹的公司到 2003 年，这 6 年时间里，胡闻俊吃透了潘石屹那句话：卖不出房，挺着；客户拒绝，忍着；口才不好，练着。凭着这股劲，后来他成为了销售副总监，所带团队的业绩一路攀升，而他本人也开始品味成功了。

有时候，一句话就能激活人的思维，一句话就能推翻那么多理由，当然，一句话也能使许多人归于平庸。

平庸之人把找借口当成一种爱好，他们习惯性地用“因为”开头——找借口的开始，用“所以”结尾——为自己的失利下结论。于是，“因为……所以……”这组关联词被他们用到烂熟。

职场中，多数人喜欢也习惯用这组关联词，因为它带有很强的逻辑性，与借口配合得天衣无缝。不过，一旦你用了太多的“因为”，你的职场路就快 over（结束）了。

不用我说你也会了解到，那些被称为领袖、成功人士，或最起码的优秀人才，基本上都有一个共通的性格属性：一旦遭遇意外情况，他们往往主动承担全部责任。通俗地讲，叫“义气”，用职场话说，就是勇于担当，而能否勇于担当，在某种程度上关乎着一个人的职场走向。

很难想象头衔是总经理，而出现问题时他一副坐视不理，只在那儿怨天尤人的样子。毫无责任感，是寻找“因为”的原因之一。缺乏责任感，自然没有承担的勇气，这促使一个人向与获得社会认同相反的方向思考，于是他才会编造出那么多“因为”，但目的不是让他人了解原因的多样性，而是结果的确定性，即无法完成某项任务。

海伦·凯勒说：“转向阳光的一刻，影子就落在你身后了。”什么是阳光，什么又是影子？相信职场中的你肯定了解。

说职场有竞争才有发展，这话不假。但是，这种竞争并不是职场本身的属性，两个人进入职场，对待工作的态度反作用于职场本身。其中一个埋头苦干，有方法、有计划、没借口，自然顺风顺水；另一个虚张声势，没目标、没韧性、找借口，他即会潜移默化地促使另一个人加倍努力，从而造成了表性竞争。以此为发端，进

向“钱”看不如向“前”看

一个年轻人向一位富翁讨教成功的方法。富翁得知年轻人的意图，笑而不语。他拿出了一块西瓜，又将其切成三个大小不等的块放在桌上，之后，富翁告诉年轻人，每块西瓜都代表一定的利益，你可以任意选择其中一块开始吃。

年轻人看了看富翁，又看了看西瓜，毫不犹豫地抓起最大的那块开始吃。而富翁呢，依然满脸堆笑，拿起了最小的一块，很快吃完了。此时，年轻人尚未吃完，富翁接着把第三块西瓜拿了起来，在年轻人眼前晃了晃。

这一刻，年轻人终于明白了。自己吃的西瓜虽然是三块中最大的，可再大也大不过另外两块之和。富翁舍小而得大，实在是人生智慧的体现。

显然，年轻人和富翁就是现实社会中的两类人：看“钱”的和看“前”的。一个只向钱看的人，是赚不到大钱的。只关注金钱，就只会考虑怎样获得金钱，而忽略了获得金钱的方法。获得金钱的方法远比金钱本身更重要，它给你带来的人生财富，不仅仅是眼前屈指可数的物质。

有人常会问：我们为什么工作？为了薪水？可能很多人对此的回答都直截了当地回应——“是”。

你不妨询问一下身边人，做一个测试：他们从大学刚刚毕业步入社会，到几年之后在职场上摸爬滚打后，变化最大的是什么？当然，我不敢保证他们回答的所有答案都与金钱有关。不过金钱这个敏感字眼，一定会多次出现在这个问题中。

我们无需去评价人们爱钱是件多么庸俗的事儿，谁都爱钱，上到领导，下到黎民百姓，这是个物欲社会，没钱寸步难行。但这不是重点，重点在于，那些今天的薪水早已超越一般年限工作者的人，不必你去刺激和带动，他们自己即会主动往金钱上靠，甚至会大谈往日多么辛劳——人们过多地谈及往昔，内心多是对现状的极大认可。更直白点说，越是否定过去，越是肯定现状。

盯住钱，没什么大不了。关键点是，你盯住的钱，是眼下的钱，还是前面的钱？

对于多数职场中人来说，薪水的重要性绝对比恐怖分子对某处的袭击更有吸引力，他们的关注点在生存，在自身。往往，他们也惯于用薪水的多寡来衡量自己能力的高低。

企业中员工能力的攀比，从侧面自能产生推动企业发展的微观力量；而薪水的攀比，滋生的绝对是令人应接不暇的勾心斗角、尔虞我诈。一个致力于发展的员工，一个有能力而眼下无所施用的员工，绝不会只看眼前，他们也不习惯用眼前所获金钱的数量来判定

阻碍你发展的人是你自己

有一个国王到某乡村去旅行，他发现道路崎岖不平，走在上面自己的双脚被刺得很疼。等回到王宫之后，他便下达了一道命令：整个国家的所有道路都铺上牛皮，这样一来，大家走路时就不会再“龇牙咧嘴”了。国王觉得自己的办法很妙。

随后的一段时间里，全国上下都开始宰牛，然后用牛皮来铺路。可是，牛宰尽了，路却只铺了一点点。王宫的大臣们都觉得这个办法太过愚蠢，可谁也不敢劝谏。

这一天，一个仆人来到国王面前，说：“亲爱的国王，为什么您要这么做呢？花费了大量的人力物力，牛都被杀尽了，可路只铺了一点点。”国王皱着眉头，说：“我只想让大家走路时不再被石头刺到。”仆人说：“这很简单啊，只要您用两小块牛皮把自己的脚包住就可以了。”

你是国王还是仆人？相信大部分人都是那个“自以为是”的国

王，总在试图改变环境，让环境来适应自己，却常常忽视事情的另一面，不懂得从自己身上找原因。这也是大部分人难以取得成就的原因之一——他们总能找到自己不成功的借口。

或许很多人都曾有这样的疑问：为什么成功的是他而不是我？你可能也无数次地这样问过自己。你说自己没有机会，生不逢时；你怪他人没有眼光，不懂得赏识；你怨自己不会处世，不比他人左右逢源……总之，你要怪的很多。

其实，别再找借口了，你最该怪的，是自己。

你给自己设定目标了吗？在你踏入事业征途的第一步时，是否有自己的职业规划？你想好每一步都怎么走，达到什么目的才算成功吗？你付出所有的努力了吗？你坚持到底了吗？你学会改变了吗？

如果你说“没有”，你还有什么可怪的呢？

好在，现在醒悟还不晚，好在你也不甘平庸，所以重新开始还来得及。

很多人都愿意用失败来形容自己没能干成一件事——比如在一个位置上干了好几年没有提升，或者工资没有任何变化，或者一个任务没有圆满完成，或者一个项目的失败。其实，这些不是失败，它们仅仅是你通往目的地路上的挫折和坎坷，专业点讲叫“职业挫折”。

职业挫折，是指人们从事的职业活动和个人职业生涯发展方面的需求不能满足，行动受到阻碍，因目标未能达到而陷入的失落性情绪状态。

人生路漫漫，谁能不遇到挫折？尤其今日，如果说早些年“铁饭碗”当道，弯门盗洞找关系一步登天后，即会一劳永逸，那么今时则是能力唱主角，“铁饭碗”早已不再流行，我们也没必要笃信“铁饭碗”带来的“旱涝保收”。

行有不得，反求诸己。你不成功，不必成仁，只要找到路子，再接再厉，职场的明天还是把握在你手中的。找借口不如找方法，找对方法的前提是对症下药。遭遇职场挫折，或进入职场遇冷期，究竟是什么原因导致的？这一点你必须弄明白。

性格差别，职场反转，弄错了属性，你会吃大亏。

想想看，让大象去追野兔，结果可想而知。你是什么妖儿，就要使什么招儿，赶鸭子上架是职场大忌。你是内向的，就别去做人际关系类工作，别妄想通过挑战成就自己，想要走这条路，前期得积累；反过来，外向性格的你，也最好别硬着头皮搞科研，那不是你的菜。

职场人际交往，讲求的是过犹不及、明哲保身。顶风上者死，顺风下者活。你无须阿谀奉承，但必须圆滑通透；无须刚正不阿，但必须见招拆招。我不是叫你奸，你总得盘活一整条的利益链，才能四通八达。

如此说来，职场当真这么复杂？并非如此。只是身在其中，务必学会“自保”，否则连怎么死的都不知道。

人贵有自知之明，有多大的能量，就发出多大光芒。揽责任在职场中并不罕见，可到头来，有好下场的甚寡。原因在哪儿？老板交代的任务很重要，你能力不足，硬顶上去，除了夸你勇气可嘉，就只剩下看结果了。结果一旦不如意，苦劳就一点价值都没有。因而在职场上，想出头也得掂量下自己的分量。

因此，即便你有干劲、有活力、有胆量、有知识……但你若因初入职场没有经验，很可能一干一个折。职场不需要借口，你千万别拿自己是新人这个原因说事儿，打铁还需自身硬，要担起担子，练好体魄是关键。

“英雄无用武之地”常被一些人挂在嘴边，这种情况说多不多，说少不少，唐骏也不见得在哪儿都干得风风火火。但如果你真是英雄，就自然不怕没用武之地。遇到“无用武之地”这样的情况，要记得一个字：撤。选择比努力更重要，只有那些善于成功的人才能准确地践行这句话。

假如你是个能弄准问题原因的人——起码别是个找借口的人，那么就能成功地找到拒绝借口的方法。

发挥潜能，在职场中找寻适合自己成长的土壤，是大部分人从“大部分人”那里获得的经验和劝导。事实上，我们是否应该学着改变自己，让自己去适应每一块落脚的土壤的土质，在适应中学会新的技能，塑造全新的自我？

列夫·托尔斯泰说：“大多数人都想改造这个世界，但没有人想改变自己！”改变自己，变通思维，一切都将是反转的模样。你为什么没成功？答案就在自己身上。

发挥潜能，在职场中找寻适合自己成长的土壤，是大部分人从“大部分人”那里获得的经验和劝导。

拒绝借口是老板的“范儿”

一个人力资源专家曾进入一家公司专门负责绩效考核工作，这是他的专业所在。本着为公司负责的态度，他提出了一套很有效的绩效管理方法。只是，老板对此不置可否。该专家自作主张，主动开展工作。结果可想而知，他遭遇了各种困难。其一，各部门不予配合，这令其工作效果不尽如人意；其二，老板表示不满，对其未能如当初期望那样做出成绩而失望。

该专家有些奇怪，便去与老板理论。原来，老板根本不希望通过他的方案改善绩效，只是想借助考核来划分员工等级。该专家并不服气，认为自己的方案更好，就与老板理论。最终，他并未成功，还是屈服于老板。

待按照老板之意重新设计出方案后，在落实之时，因为有了老板的命令，各个部门纷纷支持。目的达到了，但该专家内心却不畅快。他始终认为绩效管理绝不是简单的考核，它是对企业制度与流程的梳理。

事实上，老板为什么没有采取专家的方案，细细品味，可以发现症结所在：该专家没搞清楚一件事，即使你再专业，在老板眼里也只是细节。老板关注大局，在乎的是结果，怎能在一个问题上耽搁太久？

老板的想法你猜不透，甚至可以这样说，在你还不具备成为老板资质之前，你不必花费心思揣摩他们的想法，妄图“对症下药”。自古及今，能够精准把握老板思想的，从来都是二把手，他们只需辅助和出谋划策。故而，服从是属下的天职。

你是不是经常在想“为什么他是老板”这个问题？

在你眼里，老板似乎是公司最轻松的人。似乎能力不过如此，每天几乎就是开会、签字、检查，再开会、再签字、再检查……这样的工作谁都会干——你私下里肯定这样想过。

很多人抱怨自己的老板，能力差，脾气不好，难伺候。似乎100个人中有99个对老板不满，你眼中的老板似乎总是没文化、没学历，小气又抠门。但你别忘了，他始终是老板，而你不是。为什么你不是？

老板所以成为老板，自有他的一套。

通常来说，老板都有下属所不具备的特质，比如具有很强的执行力等。老板身上的诸多特质，并不会一股脑地显现出来，但你没看到，并不代表没有。

这些特质的存在，并不是让一个人成为老板的决定性条件，或者应该说，老板因为是老板，才有了那般特质。笼统点说，一个能够成为老板的人，其身上具有的两大特质最值得职场中的新人老人留心。

第一个是“挑剔”。

老板的挑剔与你挑剔的角度和切入点自然不同。老板会挑剔产品质量为何达不到用户需求，而不会挑剔用户的要求太高；会挑剔员工态度不好，而不会挑剔用户的抱怨。职场中那些占据山头的老板，只会对自己不靠谱的行为和不切合实际的想法抱怨不已，绝不会给客观存在的职场添什么麻烦。在他们眼中，主观决定了客观，个体决定了群体。

懂得挑剔，是剔除“不良”，甄选“优秀”的有效方式，而这也即是所谓的“老板思维”。

第二个是“模范效应”。

职场新人，不懂职场章法，这不要紧，只要能跟对一个大哥就万事好办。初涉职场，大多数人都如履薄冰，生怕哪句话不对路，触动了某个元老的敏感神经，日后给小鞋穿。这是常态，也是“变态”。入职的目的是什么？很多职场油条早已忘记，他们被沾染得只顾低眉顺目、趋炎附势，哪有理想和志向可谈？

初入职场，学习是首要的。学什么？学技巧，为人处世的技巧、顺利完成任务的技巧、晋升的技巧。这些跟谁学？跟谁都能学，可你总得有个固定的师傅。这个师傅，你可以看成是自己的一个“老板”——纵然不是大老板，多数情况下是直属上级。

跟着上级不重要，跟对上级才重要，从他身上你能学到什么更重要。他是上级，他就有值得你研究的地方，而研究什么，就看你想要从他身上得到什么了。

显而易见，老板身上那些细微的特质都是值得你去学习的。而这里所谓的“模仿效应”，即他是个可以让你学习的人，他身上有值得你学习的地方。

跟着一个老板时间久了，不用学，单靠潜移默化，你也能大有收获。当然，凡事要留心，老板表现出来的东西，是人人可见的，未曾明显表露的，才是决胜的方法。

除了上述谈到的，研究“他为什么是老板”的另一个最大的收获，即老板绝不抱怨，也不会找借口。或许可以说，找不找借口，已成为成功和失败的分水岭。不找借口，万事都有方法，解决问题是关键，所以也难见那些老板烦闷不已。他们遇事时所表现出的所有状态，都服务于解决问题。相反，你身边那些“辩论”高手，总是把时间花费在唇舌上，耽误了大事，永不会成事。

为什么他是老板？搞清楚这个问题不难，搞定自己最难。

> 一个能够成为老板的人，其身上具有的两大特质最值得职场中的新人老人留心：第一个是“挑剔”，第二个是“模范效应”。

人生没有如果，工作没有假设

一个木匠，到了退休的年纪，雇主来到他跟前，要求他在退休之前建最后一栋房子。木匠归心似箭，虽然答应了雇主，可干起活来有些懒散，心不在焉。房子建好后，他也深知比不上以前的坚固。雇主来收房的时候，冲着木匠点点头，告诉他，房子是他送给木匠的一份礼物。木匠后悔不已，说如果再让他建造房子，肯定会一如既往的坚固，而且会比以前任何一栋房子都坚固。

工作没有假设，木匠建造了一辈子坚固的房子，最终自己得到的却是间最不坚固的。而他想重来，也是不可能的。

显然，对每个人而言只有一次的人生，也是不能够重来的。想要踏踏实实地走稳人生的每一步，首先应做到的，就是不找借口。找借口，人生已去，留下的只能是喟然长叹；找方法，回味过往，不会有一丝遗憾。人生不能重来，一旦过去，就只能徒留惨白的回忆。倒不如把握当下，别让借口毁了自己。

我们为了生存去工作，为了生活品质去工作，为了实现理想去工作……工作给我们带来了太多想要的和意想不到的，对此我们应该甘之如饴，而非抱怨连连。

对于大部分人而言，工作的存在仅在于谋生。然而，一旦时光溜走，他们就会发现曾经的自己错过了太多机会。恍然间，过去的一切不能重来。于是，这样的句子开始在我们耳边响起：当年我若是再使把劲儿，今天也不可能……不消说年限久远，你我身边的活例子也不胜枚举。

似乎没人能意识到逝去代表着终结，太多的职场中人过着今天，不想明日，他们重视的是想法中的自己，忽视的却是现实中的自己。

那些真正想干出一番事业的人，不会把别人的错误看成阻碍自己前进的绊脚石。他们总能正视自己，不去寻找借口推脱为何完不成一项任务。一旦问题出现了，造成了损失，他们的口头禅不是“如果……那么……”，他们会仔细盘点每一个细节，找到失败的原因，重新去争取成功。

没有任何借口，是“西点军规”的条款，现已成为职场中人自我约束、彼此鞭策、鼓舞他人的座右铭。遗憾的是，我们今天看到的更多是拿这句话作说辞，然后继续我行我素，挖空心思寻觅失败借口的人。

杰森·基德是 NBA 著名的篮球队员，他曾谈到过自己成功的历程。他说：“小时候，父母常常带我去打保龄球，我打得不好，总是找借口解释自己为什么打不好，而不是去找原因。父亲就对我说：‘别再找借口了，这不是理由，你保龄球打得不好是因为你不练习。’他说得对，现在我一发现自己的缺点便努力改正，决不找借口搪塞。”

自此之后，杰森·基德就像换了个人一样。当时，他在达拉斯小牛队，队员每次练完球，都会看到杰森·基德仍在球场内奔跑，一再练习投篮，因为他是一个不为自己寻找理由的人。或者说，他已明了“人生没有如果”，万事都别指望“再来一次”。

生命的时限性，决定了我们以怎样的姿态去面对，未来就会有怎样的生活等待我们。工作也一样，没有第二次。想想看，跟着老板干活，犯了一次大错，你还想重来，这可能吗？不想自己的人生有遗憾，不想工作有缺陷，就要把握眼前，拒绝借口。没人能捆绑你的思想，只有你才是自己精神的枷锁。

身在职场，务必全力以赴。动则迅雷不及掩耳，静则雷打不动。有原则、有步骤、不抱怨、不妥协，这样带着计划去工作，争取一次性地达成目标，抛弃如果，拒绝假设，就肯定会有收获。当然，更重要的是，几年之后，你会惊讶地发现，原来他人耗费了大好时光于自己所谓的个性上，而不重视打磨和积淀，他们空谈理想、抱负，对现实却是毫无益处。

想着“如果”和“假设”，是奢望自己的过失可以补救。这样的想法，催生的必定是平庸的职场和没出息的人生。

人生没有如果，工作没有假设，净化了自己的内心，才能在职场横扫千军。

> 太多的职场中人过着今天，不想明日，他们重视的是想法中的自己，忽视的却是现实中的自己。

第二章

当你准备出发，全世界都为你让路

往往思路一变，就会产生恰当的方法，那些能在勤奋的基础上运用智慧，在智慧之下不忘勤奋之人，自然会收获事业上的成功和人生中的高远格局。

小事是大事的细节

一个老太太为躲雨走进一家百货商店避雨，售货员看到她的狼狈相，都一脸不屑，只有一个年轻人对老太太很客气，走上前询问："夫人，我能为您做点什么吗?"

老太太微笑着说："不用了，我在这儿躲会儿雨，马上就走。"转而，老太太觉得自己在店里躲雨而不买东西有点不太好，接着她就在店里转悠着，起码让自己心安。

徘徊了一会儿，老太太实在不知道要买什么，这时先前那个年轻人又走了过来，说："夫人，您不必为难，我给您拿把椅子，您坐在门口休息吧。"

一个小时后，雨过天晴，老太太跟那个年轻人道谢后，索要了一张他的名片就走了。几个月后，该百货公司的总经理接到了一封信，信中要求百货公司把那个叫菲利的年轻人委派到苏格兰，承接一份装潢整个城堡的订单，更让菲利把自己家族所属的几个大公司下一季度办公用品的采购订单一起包揽。

该百货公司总经理后来经过核实，得知那个老太太原来是美国亿万富翁“钢铁大王”卡内基的母亲。就这样，菲利靠着一件小事飞黄腾达，后来更是成为“钢铁大王”卡内基的左膀右臂。

很多时候，只有当别人因一个小小细节一跃而上时，我们方才悔不当初，愤愤地想自己缘何得不到“机会天使”的垂青。殊不知，数不胜数的制胜细节往往或隐藏或明显地摆在那儿，只是我们对它视而不见，抑或是自以为是地觉得那根本算不得机会。就这样，“闭目塞听”的思想短路，造成了我们职场和人生的双向短路。

一件小事，能成就伟业一番，也能毁掉庸人一片。忽视小事，大事肯定成不了。在任何一个组织里，小事背后的力量都是无穷的，它能托起低垂的信心，也能压低高昂的头颅。试问猜不透小事的含义，还怎么混职场？

所谓“天下大事必做于细”，所有的梦想都离不开对小事的“刮目相看”，正如荀子所说，“不积跬步，无以至千里；不积小流，无以成江海。”

自古以来，成大事者都有一个共同点，那就是他们从不怠慢那些所谓的“小事”，而事实上，这些所谓的小事并不小。

提升自我，影响他人，几乎是一切职场人都渴望达到的程度，但你真的做好准备了吗？

人人有梦想，它是个比较奢侈的字眼，对勤勉而聪明的人来说，实现起它来驾轻就熟；对懒惰而愚钝的人而言，结果可想而知。有梦者大把，实现者甚少，差在哪儿？从自我能力提升角度看，差的就是不踏实，有想做大事的心，却没有做大事的范儿。这范儿是什么？往深了说，叫擎天之力，接地气地说，就是简单的事情重复做，重复的事情用心做。

任何一个成事之人，都能把小事做活。当然，面对小事时，他们一开始肯定没想着自己的举动能带来何种惊人的“蝴蝶效应”。只是，他们有一点让人敬佩：把小事做好。大事能成都因把小事做得足够完美。

那些我们认为平凡、琐碎的基层工作，很可能就是重要工作中的一环，甚至可以让你走上坦途。认真负责地完成它们，惊喜就会在不远处等着你。

心浮气躁，眼高手低，这类老生常谈的负面情绪吞噬着我们，你拒绝，它们来得猛烈；你妥协，它们更肆无忌惮。踏踏实实迈出每一步，是对抗它们的绝技。

小事还体现一个人的素质，是一个人工作态度、行为方式，甚至做人理念的体现，因此，从现在开始，还敢拿“小事”不当豆包吗？做好每一件小事是员工必备的素质。我们不需要已被洗脑的员工。我们需要能果断处事，为自己未来勾勒图景的员工，因为他们内心不安于现状而急于做出改变，那恰好能让他们为承担重任做好准备。

世界名企的优秀员工几乎都有一个特点：能做好小事，能抓住工作中的细节。做好每一个细节是成就大事的基础，注重工作中的每个细节，把小事做好，才能在平凡的岗位上创造出不平凡的价值。显然，这也是你打算让世界为你让路的前提。

常有人觉得自己学历较高或者经验丰富，继而对公司安排的“小事”不屑一顾，认为那不是用武之地。他们的观点是：小事不做，做错没面子；大事必做，做错不掉链子。如此心态，距之成事岂止万里之遥？

小事是大事的细节，关注小事，就是重视细节。秉持“细节至上”的理念，“发现”这双眼睛就将更敏锐，能洞悉那被常人忽视的机会。

若说如何去关注小事，重视细节，相信没人能道个清楚明白，但记得一点很必要：踏实做事。踏实的心态，会让人更细致，如此，无论机会隐藏得再深，在你眼前也变得赤裸裸了。

反面地说，“千里之堤，溃于蚁穴”，小漏洞不补，大漏洞没法补。一个铁钉与一场战争的故事就传达了这样的信息：

英国国王查理三世准备与敌人决一死战，这场战斗将决定谁统治英国。战前，查理派马夫装备自己最喜欢的战马。马夫发现马掌没有了，于是他让铁匠快点给马钉掌。

可是铁匠发现铁片已经用完了。马夫很着急，不断催促着他。后来铁匠从一根铁条上弄下四个可做马掌的材料，把它们砸平、整形，固定在马蹄上，然后开始钉钉子。钉完三个马掌后，他发现没有钉子来钉第四个马掌了。

他把问题告诉了马夫。马夫早已急不可耐，他怕国王怪罪，就让铁匠凑合着把马掌挂上了。

后来，两军交战了。查理国王为鞭策士兵，一马当先。突然，一只马掌掉了，战马跌倒在地，查理也被掀翻在地。受惊的马逃走了，士兵们也纷纷撤退，很快，他就被敌人的军队包围了。

查理挥舞着宝剑，痛心疾首地大喊：“马！一匹马！我的国家因为一匹马倾覆了。”

从那时起，一首歌谣开始在民间传唱：

少了一个铁钉，
丢了一只马掌。
少了一只马掌，
丢了一匹战马。
少了一匹战马，
败了一场战役。
败了一场战役，

失了一个国家。

小事的力量无比强大，它能促成大事，也能颠覆大事。有些成功，我们看着眼红，可朝成功的背面看，就会发现堆起泰山的原来仅是那一粒粒小小的沙石。

现在，你准备好出发了吗?

> 若说如何去关注小事，重视细节，相信没人能道个清楚明白，但记得一点很必要：踏实做事。踏实的心态，会让人更细致。

做最适合的人

一只鸽子频繁地搬家，在每个新地方都呆不了多久。原因是，它在每个新窝住不了多长时间，就会产生一股刺鼻的怪味，这让它难以忍受，所以它只能频繁搬家。

这只鸽子很苦恼，于是它把自己的烦恼告诉了一只经验老到的鸽子。

老鸽子听了它的诉苦，说："搬家并不是彻底根治问题的办法，你的苦恼来自于你自身，那刺鼻的怪味是你身上发出来的，而不是窝里。"

在所有组织里所呈现出的所有问题，归根到底地说，他们都发端于人本身。看不到问题所在的人，总会苦恼于无所作为或是费力不讨好，原因在哪儿？组织没有错，错永远出在你身上。

任何组织、团体，需要的都是能创造价值的人，成为队伍中最适合的人，不单单是一份工作对你的要求，更是人生对你的要求。

总有太多人苛责所在环境的不尽如人意，他们觉得自己的才华无法施展，牵绊太多、障碍太多、烦恼太多。那些只从环境身上找理由，期待环境改变迎合自己的人，自然与频繁搬家的鸽子一般无异。自己身上有怪味，却怪环境恶劣，呆不下去，真是荒谬至极。那么，到底应该怎么做呢？

在他们身上，你能看到的最大特质或许就是自以为是。他们总觉得自己没有瑕疵，他们所加入的一切组织都必须在潜移默化中契合他们的秉性，这才会让他们觉得站对了位置。只是，让组织迎合他们，在现实世界中还真难碰到。

抛开职场不谈，与人相处中，只求他人为自己的习性改变之人，也是难有交心好友的。人人的生长环境和境遇不同，这也就决定了彼此相处时要善于找到共鸣点，而非单单把自己的喜好一股脑塞给他人，却对他人的秉性置之不理。人生中，这种习惯的养成会让一个人在人际交往中迷失自我，而在职场中——显而易见的是，那些总是碰一鼻子灰，或是想方设法在组织上“查漏补缺”的人，会在刻意的挑剔客观、维护主观上渐行渐远。

善于找到自己缺陷和弊端的人，大可成为职场中的佼佼者。他们理智、勇敢、有责任，不惧怕被揭穿，甚至于，他们都可以自揭老底儿。为的是什么？自然是让自己成为适合职场需要的。

史玉柱是个职场中的奇葩。“巨人”顷刻间倒塌后，他成为“中国首负”，负债两亿多。可一番蓄势待发后，他东山再起，不待扬鞭自奋蹄。他的成功，让人眼红，可更多渴望成功的人都在关注他是怎么成功的。

他说：“我这次创业成功的时候，有人问过我如何看待失败。中国有句古话：失败是成功之母。失败之后我们就在内部开批斗大会，而且天天开。要让失败变成财富，别让失败变成包袱。”

认识到因为决策失误导致巨大损失后，史玉柱开始谨小慎微，他知道自己还想在圈里混，可若要混下去，就得学会改变，让自己适应圈子。于是，他在公司内部召开“批斗大会”。无论公司员工还是亲朋好友，都可以直言他的过失，不必留情。

而在一次节目中，时任泰山产业研究院秘书长的华贻芳在获悉“珠海巨人”危机后的一首打油诗，更一针见血：“不顾血本，渴求虚荣；恶性膨胀，人财两空；大事不精，小事不细；如此寨主，岂能成功。”

不找客观的麻烦，只找自己的不是，让史玉柱尝到了甜头。借由此，巨人陨落后再崛起，看起来也不那么神乎其神了。

什么是适合，什么是不适合？职场中人最是明了。世界上的任何人，都有无限的选择权。很多时候，心态一变，万事皆变，全看自己怎么对待。

太多人习惯于惰性生活，渴望环境在历史进程的推动中呈现出自己熟悉的模样，应和自己的节奏。只是，所有看起来偶然的“轮回”，都是主观上一次次的反复蜕变所致。

职场有职场的法则，氛围有氛围的个性，它们是一大群人共通秉性的产物，不迁就任何事、任何人，没有逢迎，亦没有恭维。

提升自我，修行心态，打磨棱角，突破局限。人生的规矩要打破，职场的规则却要圆润遵守。没人能逼迫你，只有你才能逼迫自己。没人教你改变，只有自己才能去改变。

世界不需要你改变性格，只要求你转化展示的色彩。想想看，哪个老板会为你而改变？莫说职场，就是整个社会，也一样不会因你而改变。它们只需要条件适合的你。

职场有职场的法则，氛围有氛围的个性，它们是一大群人共通秉性的产物，不迁就任何事、任何人，没有逢迎，亦没有恭维。

习惯成就未来

有一对父子住在山上，靠打柴为生。每天父子俩都会赶着牛车下山卖柴，在这过程中，父子俩慢慢有了分工：父亲赶车多年，很有经验，不管山路怎样崎岖，都如履平地；儿子年轻，眼神很好，他总会在转弯时喊上一声："老爹，转弯了！"

一次，父亲生病了，只能儿子自己驱车下山卖柴。儿子没有经验，一路上颠簸不已。到了转弯的时候，不管儿子怎么喊，老牛都很倔强，不肯转弯。

儿子十分着急，用了各种办法：拉着牛、给牛吃草、大声呵斥。可不管用什么办法，老牛就是原地不动。

儿子十分诧异，不知如何是好。突然间，儿子灵光一现，他见四下无人，便高喊了一声："老爹，转弯了！"

老牛一听，应声转弯了。

习惯是种巨大的精神性力量，导引着人们的行为方式。好习惯是种可促成成功的驱动力，坏习惯呢，导引的自然是失败了。

我们在此谈到的习惯成就未来，是一个人人熟悉却又常被忽视的话题。说熟悉，是因为我们都知道好习惯的重要性；说陌生，是因为我们并不了解坚持好习惯的重要性。事实上，好的习惯坚持下去，长期不懈，就必然能成就预想的未来。

从人生到职场，处处显示着习惯的重要性。如果相对深刻地去挖掘习惯带来的正效应和负效应的衍生之所，那么必是成功的心态无疑。

什么样的心态，就有什么的行为举止，即会产生什么样的可预见效果。习惯了正面积极的思考，对待同事、家人的态度也多是祥和、热忱的。这会为你带来什么呢？同事间的和谐、家人中的真爱、圈子中的人气。而这一切，恰好构成了成就某事的因素。

反过来，你充满了戾气、厌恶、报复的情绪，这也一样会带给你意想不到的收获。只是这份收获，有可能毁掉你的事业、家庭，甚至人生。

习惯造就了每个人的当下，而当下来自于曾经，又决定了未来。初涉职场所形成的习惯，决定一个人事业及人生的走向。有些人胆怯、急躁、没有方向感，久而久之，再不注重转变，这个人可能就“废了”。

有意识地培养良好习惯，积攒一种锲而不舍的能量，是在职场上，乃至人生中走出康庄之路的关键之一。

任何一个个体，都曾经宛如白纸一张。这张纸在多年之后，有可能依旧是废纸一张，却也有可能成为一张价值连城的画作。价值的决定因素，全在于我们本身在其上如何泼墨。

需要注意的是，最初形成的习惯，无论好的还是不好的——尤其不好的，最难在日后的环境中得到扭转。常有人在职场中因为一点由习惯而犯的小错功败垂成，这是得不偿失的，谁都知道，可太多人没法避免。在询问他们原因的时候，他们答不到点子上，这就是因为习惯支配了他们、占据了他们。

注重修养内在，重塑职场体验，务必让坏习惯远走，好习惯留守。

一家外企招聘应届大学毕业生进公司，应聘条件虽然近乎苛刻，可还是有几个大学生一路披荆斩棘，战到最后。最后一关面试由公司的总经理亲自上阵，几个大学生都严阵以待。

总经理告诉大学生们，他突然有事要外出，但十几分钟即可回返。大学生们自然甘愿等候，安静地坐在办公室里。

最初，几个大学生还很守规矩，坐在那里左顾右盼，有一句没一句地说着。几分钟后，大概熟稔了，大概都是年轻人，毫无隔阂，便都站起来四处观瞧，并对办公室及公司不断品头论足。

其间，一个大学生看到办公桌上摞着几堆资料，便招呼其他几人去看。办公桌上摆着一摞信件，一摞资料。几个人肆无忌惮地翻看着，还不断交流——“看，这个有意思！”“快看这个！”

十分钟转眼过去了，总经理走进办公室，对他们说：“各位，面试已经结束了，你们当中没人被录用。”

大学生们面面相觑，惊讶地问道：“经理，面试还没有开始呢，这是怎么回事？”

总经理平静地说：“我出去这十分钟，你们的所有表现就是面试题。遗憾的是，本公司从不录用随意翻开别人东西的员工。”

如果把焦点聚焦到职场新人身上，似乎与职场相关的每一点都值得大书特书。可是，不管是职场还是人生，没人会手把手教你怎么做。当你从最初那个可以给你习惯的地方走出来时，你的表现就会为你带来今天的现实。

老板眼中的优秀人才，或许不见得一定有高学历、深厚的背景、出人意表的谈吐，只要他具有可成为“可造之材”的习惯，这已足以。

养成好习惯，不是一朝一夕，或许是一次工作的细节、或许是一句平庸之语，都会引导思维向好习惯的方向靠拢。往往，那些看似平常且简单的举动，恰好是垒砌良好习惯的一砖一瓦。我们忽视它，就自然得不到想要的一切。

适时下决心去“改坏趋好”，稳步提升自己的职场素质，不只会为你的登顶之路带来强大的驱动力，也会为你的生命灌注夺目的光芒。

> 最初形成的习惯，无论好的还是不好的——尤其不好的，最难在日后的环境中得到扭转。常有人在职场中因为一点由习惯而犯的小错功败垂成。

勤奋的背后要有智慧

太阳和风打赌，看谁能让人们先把衣服脱下来。风很傲慢，觉得自己肯定会获胜，大风一起，自然会吹掉人们身上的衣服。于是，它使劲儿地吹，狂妄地吹，累得满头大汗。可是，不管它怎么努力，人们的衣服都没有被“吹下来”，还因为风太猛烈，人们反倒多穿了几件衣服，路上的行人一个比一个裹得严实。

轮到太阳了。太阳不慌不忙，当它把强光照射到人们身上后，就看人们因为热得冒汗而纷纷宽衣解带，有些人甚至光起了上身。

显然，太阳胜利了。太阳对风说：“不管做什么事情，单靠力气远远不够，还得注意方法。”

还记得上次蛮牛式的去完成一项任务是何时吗？几乎每个人在觅得经验法门之前，都少不了要交些学费，这就是成长的代价。

职场上有“白人”、“红人”的区别，差在哪儿？“白人”不单单指那些初入职场的人，毛头小子并非这类群体的代表称谓，它主要是暗喻那些工作努力，可方法不对的一类人。这类人很勤奋，朝九晚五再加班，一整天的心思都花在工作上。这样的员工好不好？好，哪个领导都喜欢“俯首甘为孺子牛”的员工。只是，这时领导的赞扬很可能成为这类人难以进取的阻碍。这不是领导的错，而是这类人总找不到方法。

苦干，让人敬佩；实干，让人有底；巧干，才是本事。

而所谓的“红人”，也一样没有准确的概念，只是他们有一个显著的特点：找对方法，解决问题。很明显，这类人会自然而然在工作中、人生中走出自己想要的坦途。他们善于运用智慧达成目标，不是一味地靠着勤奋、汗水赢得可喜的局面。我们不否定勤奋和汗水的力量，可更看重有智慧地去奋斗的模式。

职场中的老大，哪个不喜欢你动用最少的资源办最大的事儿？一样的条件，人家干得痛快，“多快好省”地建设了自己的事业、组织的事业，想想看，这样的人谁不喜欢？而换作你，今天要资源，明天要赞助，一点不动脑子，只会蛮干，这样的勤奋和流下的汗水，是很难打动人心的。

勤奋很重要，智慧更重要，兼具勤奋和智慧最重要。

生活中常见的一种说法——这是个被我们上学时写作文用到烂的例子和说法——不管在学业上还是工作上，有些人看似贪玩、懒散，可他们每每在接受阶段考试的时候，总能轻而易举地获得不错的成绩；相反，有些人埋头苦学，十年如一日地把“书山有路勤为径”奉为圭臬，到头来却差强人意，原因在哪儿？就在于获得不错成绩的人，找到了开门的钥匙，而成绩较差的人，总是抱着石头在砸门。门终有被砸开的一天，但到那时，又会有新的门出现，砸得过来吗？

从这里引申出了一个关于人生的问题：许多人活过数十载，却还是一塌糊涂，他们就是人生中的砸门者，他们找不到钥匙，一辈子都在干着没智慧的事儿，虽然每天都一头大汗，看着是挺勤奋，但却显不出半点智慧。

德国著名作家莱辛曾说：“如果上帝一手拿着真理，一手拿着获取真理的能力，让我选择其一的话，那么我宁愿要获取真理的能力而不要真理。”这是很明智的选择，任谁都会做出一样明智的举动。只是，当那种真理——放在职场上说，即是体现智慧的方式——隐藏在不易被察觉的暗处时，有多少人能洞悉背后的巨大能量，继而走向梦想中的“一劳永逸”的道路呢?

有一个人渴望获得贷款，他来到了大通银行，设法见到了银行总经理。他告诉总经理，自己打算购得货轮，之后将货轮改成邮轮，租赁给一家石油公司。石油公司每个月会支付他租金，而他就会用这笔租金来支付购买货轮的钱。他更表示，租契都可以交给银行，由银行去石油公司索要租金。显然，这个人想用分期付款的方式达到自己的目的。

此前，他已去过几家银行，那些银行的经理都觉得他太异想天开，且此事毫无信用可言。而大通银行的总经理则不这么想，他知道这个人一文不值，也没什么信用可言，可那家石油公司却是有信用的，是靠得住的。于是，他按照那个人说的做了。

几年之后，这个人成了那艘船的主人。但他不满足于租用邮轮，而是构思出了一个更巧妙的贷款方式：他设计一艘船，尚在图纸阶段时，便将其出售，表示船造好之后便可以租用给他们。接着，他拿着租船协议去银行贷款造船。

事实上，这看似荒唐的做法隐藏着巨大的智慧，因为谁也不会觉得这有什么不妥，每项手续都不少。就这样，凭借着这种贷款造船方式，这个人有了自己的造船公司。而后，其事业越做越大，他成了亿万富翁。他叫丹尼尔·洛维格，是“美国船王”。

那些运用智慧达成目标的人，会花费更少的时间、更小的力气、更简略的资源——当然，还有前期更多的精力，收获比别人高出几倍，甚至几十倍的成绩。他们总能从问题本身入手，继而反推出极具智慧的办法，接着达到目的。

获得成就，并不是件特别困难的事儿。往往思路一变，就会产生恰当的方法，那些能在勤奋的基础上运用智慧，在智慧之下不忘勤奋之人，自然会收获事业上的成功和人生中的高远格局。

勤奋始终是我们提倡的，哪个老板喜欢懒惰的下属？同时，有智慧地勤奋就更能博得老板的青睐。至于究竟如何在勤奋的同时兼具智慧，这不是谁能给你出主意的事儿。位置不同，智慧迥异，但方法相通。自身能力的提升，任重而道远。

> 苦干，让人敬佩；实干，让人有底；巧干，才是本事。

尽快成为“之一”

现任金山软件公司董事长的雷军，跟所有成功的企业家一样，一开始吃了不少苦头。但他把那些挫折和经历当成了人生最宝贵的财富，这才为下一次的成功吹响了冲锋号。

1989 年，雷军与在电子一条街上结识的王全国开创了自己的事业，两人加盟了一家公司，共同负责技术和市场。雷军的创业思维来自于对乔布斯的崇拜，他认定自己也能如他们一样淘得人生的黄金。

只是，他们那个名为“三色”的公司，要钱没有、要资源没资源，单凭着几个人的一腔热情强撑。而主营业务更不甚明朗，比如卖组装电脑、打字复印机等。后来他们找到了方向——做仿制汉卡。可好景不长，一个竞争对手的出现让他们只能赔本赚吆喝，现实让他们的热情逐渐冷却了。

此时的雷军开始思考，自己到底是否具备创业能力？带着这个问题，他与王全国离开了这家公司。此后，雷军一路摸爬滚打，不但进入金山，成为领跑者，更在整个IT界混响了名声。

后来，他曾说："人就是在挫折和失败中成长的。正因为这次失败，我对自己的能力有了清醒的认识，也为未来的发展做好了脚踏实地、一步一步干的心理准备。"

积累，带来能量；忽视，失去机会。我们每个人，都时刻在身边的群体中观摩人生案例，以获得某种经验、智慧，目的是尽快成为某一领域中的"上层"人物。职场也是如此，无论新人还是老人，皆抱着同样的目的：迅速跻身老板左膀右臂之列。这是人之常情，谁也无法阻挡、不能否认。在职场上，我们所做的一切似乎都为了一个目的：成为优秀"之一"。那么，到底如何才能成为这种"之一"呢？

要成为优秀中的一员，并非一蹴而就，最起码的，你得从人群固有的"批次"中步步高升，进而成为优秀，进而才能成为之一。如此说来，下面谈到的职场人群分类，你就得擦亮双眼，对号入座了，看清楚自己身在哪个层级，努力才更有方向性。

任何一个团体中的新人，初入新环境，亦步亦趋，如履薄冰，从他人身上观察着局势的变动，判断着团体属性。他们也许不在乎揣摩老板的想法，却极力想成为"智囊团"中的人物之一，以求得整个职场生涯的质的飞跃。

而团体中的老人呢？大体有三种情形：成为元老的、渴望成为元老的和不屑于成为元老的。成为元老者，自不必说，通过打拼，已跻身为老板的心腹之列，此是为之一。渴望成为元老者，或效仿于元老，以积累自身，继而成为新的接班人；或眼盯着老板，希望获得直线提拔，此是为努力成为之一。至于不屑于成为元老者，却是团体中的个性分子，他们可能才华横溢，却也可能虚张声势，此类为难以成为之一。

不管哪类人，都离不开积累和自我修炼。获得高超的职场能力，可助你迅速成为独当一面的狠角色。而决意成为哪类人，更是至关重要。

必须要提的是，若想成为优秀中的一员，心态非常关键，那些抱怨连连的人，是无缘优秀的。反过来说，成为优秀之一的必要条件，即是没有抱怨。更重要的还不在于此，而在于“职业常态”——抱怨，会导致“职场档次”的出现，它是决定你是否准备好一跃而起成为优秀，并从优秀到卓越的核心条件。

何为“职场档次”？很简单，第一档：享受抱怨，出淤泥而不染；第二档：附和抱怨，同流合污；第三档：自生抱怨，破罐子破摔。

进入第一档的人，他们享受抱怨，并能从抱怨中总结出某种不可言喻的智慧，加以利用，迅速令其作用于自身。能入这档，需要有令春风解冻之力、坚冰消融之能。他们不是圣人，也非具有翻天之才，只是他们善于把抱怨融化，身在抱怨中而不受其害，反而利用之。

第二档的人，在职场中占据多数。想想看，身边有人抱怨制度没人情、老板没品位、同事不合群，这些可能你都能忍，但他们也会抱怨奖金不丰足、假期不够长，这些与切身利益挂钩的东西一旦碰到你的敏感神经，相信你定会跟绝大多数人一样点头称是，此即为“同流合污”了。

第三档的人呢？他们是底层，是金字塔下端承重的。为什么会如此？因为他们往往自生抱怨，不需要别人教，也不用你影响，他们自甘成为另一族群。不值得抱怨的，他们会抱怨，不需要抱怨的，他们也能找到抱怨的理由。总之一点，组织中不喜欢这类人存在，因为他们是蛀虫，可又难以清除这类人，毕竟，没了第三档，第二档就沦陷了。

不用说，没人愿意承认自己居于第三档，充其量默认为第二档，而死撑着往第一档靠。话是这样，可一碰到现实，他们就原形毕露，露出了最令人厌恶的狐狸尾巴。

谁都想成功逃离职场雷区，甚至是人生中的雷区，以尽快成为职场中老板看中的群体中的“之一”、人生中主宰自己命运群体中的“之一”，避免成为炮灰的命运。可是，出现在我们眼前的职场现状是：三成人注意积累、打磨心性、承担责任、善于总结、趋向成功；三成人忽视积累、得过且过、漠视责任、喜好逃避、远离成功；三成人拒绝积累、浪费时间、挑起争端、满口抱怨。

如此看来，上面那些陷入第三档泥潭之人，也不是全然的“无药可救”。如果这档人想迅速逃离拖组织后腿的位置，那么改变心态是关键点。他们必须让自己变得更主动，这种心态上的变化，可以使得自生抱怨习性的消亡。心态变了，性格就变了，习惯也变了，也就脱离了“底座”，开始向上攀爬了。

成为老板的左膀右臂并不容易，你需要准备的还很多。当然，成为“之一”不见得只是辅助老板，人生自有方向，出路全待自寻。只要你真的准备好出发，世界自会为你让路。

> 何为“职场档次”？第一档：享受抱怨，出淤泥而不染；第二档：附和抱怨，同流合污；第三档：自生抱怨，破罐子破摔。

从被动接受到主动争取

波音公司的一架737飞机于1988年4月27日起飞后突然爆炸，幸运的是，飞行员凭借自己的经验，使得残破的飞机安全着陆。事故仅造成一名空中小姐罹难，其余旅客和机组人员都平安生还。

事故产生了巨大的舆论效应，外界对波音公司飞机的安全性报以质疑之声。

正当外界猜测大名鼎鼎的波音公司该以何种态度、采取何种方式处理此次事件之时，波音公司主动站了出来"大加宣传"：该架飞机飞行年限长达20年，起落也达9万次，早已超过了保险系数。值得一提的是，飞机此次出现如此严重的事故后还能安全降落，由此可见波音公司飞机的安全性和可靠性。此外，公司方面现已解决了金属疲劳的技术问题，新机型将更为安全。

就这样，这次借由事故而来的宣传，让波音公司的名气更大，获得的订单也更多。据统计，仅在事故当年的5月份，订货量就超过一季度两倍。

如果就上述案例来看，波音公司若是被动面对质疑，在舆论四起之后才出面解释则必死无疑。此话严重，但事实确是如此。

被动，总给人一种优势尽丧的感觉，不管是气势上还是心理上，都处于下风。而主动则恰好相反，迎难而上、力挽狂澜。

在职场上，那些被动者多等待时机，却也容易在等待中错过时机。而主动者则迎头痛击，往往于混乱且迷茫中杀出重围，拨云见日。

职场属性中的一点暴露，便可见众人内心所想。于是，这也决定了那些太过被动的人，总会在人们的起哄声中消磨斗志，主动的人却总会引领那“喧哗之音”。

被动，是接受；主动，是争取。二者截然不同，性质决定了表征。有人曾认为，枪打出头鸟，主动争取就意味着承担更多的不确定性，甚至是毁了自己的风险。可风险和回报并存，不承担就不会有收获。

不少人因惧怕社会带来的“以儆效尤”效应而不敢主动请缨，宁愿成为一个永远被人影响，活在他人暗影下的人。

职场中的请缨，自然是对任务的承担，其后连带出现的是维护客户、支配资源、打理人际关系、实现预期效果。前面几项都在为结果做铺垫，即便铺垫再厚，结果若不遂人意，苦劳就算白搭。这种现实便成了太多人畏首畏尾的借口。

人生需要主动，职场也一样。主动承担，意味着极具勇气、充满信心，这会提升老板对你评价的分数。工作中那些主动的人，往往能化解潜在问题，在解决已发生的问题上也更有方法，更容易达到预想效果。原因是什么？因为他们总是试着去接受，主动就代表着对现实情况的接受，而接受之后的第一步，便是对一切问题的剖析，随即是找方法、解问题。

而那些被动的人，等着问题找上门，甚至于看到了问题却想着逃避，潜在问题也不屑于去规避。他们信守的原则造成的一种局面是：碰到问题，拖住问题、转移问题、包装问题，最终扩大问题。

任何单位、组织中，都不乏此类人，他们是职场的败者，也是人生的败者。他们不希望也不觉得需要有轰轰烈烈的事业，这就催生了当一天和尚撞一天钟的心理情绪的产生。可他们务必得提高警惕，老板不傻，一切尽在眼中，他们总有被抓到小辫子的时候。

主动出击，从被动变为主动，是眼界的提升、观念的扭转、思路的拓展，是成为一个能够影响他人之人的关键所在。

你也一定有这种感觉：为什么他说的总是很对？我一定要以他为榜样！司空见惯的想法，决定了人群中 80% 的人都承袭着另外 20% 的人的思维模式。多数人习惯了跟从，习惯运用他人思维的成果。而恰恰是这种习惯，唆使着我们放弃主动，放弃去影响他人的机会，选择守株待兔，选择默然受之。

好在，现代社会的发展让个性有了更广阔的张扬平台。越来越多的人似乎开窍了，开始凸显自我，寻求肯定。他们渴望被熟知、被认可、被关注，但这种因虚荣心膨胀和社会氛围烘托而来的主动大可不必，更不能带入职场，甚至人生。

细想一下，哪个单位的老板身边站着“忤逆”者？站着个随时可能“勤王”之人？主动，不意味着推倒重建；影响，也并非独立门户。

踏实工作、掌握方法、拓展人脉、增长见识、与人为善、互敬互爱，在这种基础上建立起来的主动和影响，才是对所谓的“职场潜规则”最好的回敬。以此为发端逐步迈上人生新台阶的你也会悄然发现，你不必再挖空心思找机会、套关系地塑造“职场陷阱”了，因为你已具备了成功的基本条件，做好了出发的准备！

在职场上，那些被动者往往在等待中错过时机，而主动者则迎头痛击，于混乱且迷茫中杀出重围，拨云见日。

要懂得“听话”不要盲目听话

一位老板带着助理到饭店吃饭，点完菜后，两人便谈论工作。一会儿，服务员开始上菜。所点菜中，有一道汤品。助理平日里对老板言听计从，且很有眼力，他见服务员端着汤上来了，赶忙站起身去接。只是，他因为着急，手指不小心浸到汤里了。放下汤后，他发出“咝咝”的声音。

老板见状，皱着眉头，看着把手指裹进嘴里的助理说：“小王，你的手指浸到汤里了。”

小王笑嘻嘻地说：“没关系，老板，我不怕烫。”

不怕烫，很有忍耐力，可在这里考验的并不是忍耐力。找对他人话语的核心点很关键，关键到你的职场顺畅与否、人生通达与否。

当年孙悟空如果领悟不了菩提祖师的“打哑谜”，恐怕也没有七十二般变化、驾筋斗云的本事了。很多时候，机会就在我们身后，听懂了话，一个转身，它就撞到了你，你不必主动去寻觅和挖掘；听不懂话，与机会自然背道而驰，越是跑得快，距离机会就越远。因而，善于“听话”而非一味地听话，才是让你的职场路和人生路越走越宽的关键之一。

事实上，每个人都不习惯去讲“一语双关”的话，那不如直来直去的好。绕弯子，费脑子，达到的效果也未必最佳。不过，职场上却没有那么显而易见的“直来直往”，无论老板还是同事，采用旁敲侧击的方式总是因为其考虑到你的面子，所以，在特定的时段里，你有“云里雾里”的感觉也属正常。值得注意的是，这种模糊的延续性绝不能太长，否则你在他们眼里就真成了个“糊涂虫”了。

站在老板的角度看，下属均等，可又不均等。说均等，是因为大伙都听命于他，厚了哪个、薄了哪个都不好，所以所有下属面前摆着的机会均等，就看个人能力高低了；说不均等，是因为有些事情不能“大锅饭”，所谓能者多劳，多劳多得，谁有了功劳谁就得到褒奖和晋升的机会，这份功劳绝不能拿出来大伙分。于是，那些总在问题面前表现得出类拔萃的，就更多入老板的法眼的机会，而他们也的确不辱使命，基本不会给老板丢人。

在这一连串因素的影响下，老板就会有意无意地“偏袒”懂得“听话”的下属，而非钟情听话的下属。打个比方，单位来了个新人，脑子灵光，办事利落，几次任务下来，老板对他印象深刻，表示欣赏。而你呢？在单位摸着石头过了几年的河，还是找不到通往彼岸的大路，老板看你是元老，给你面子，也不会那么绝情地让你靠边，所以任务照常分给你和新人，可对待同样的问题，新人似乎就能听出老板的弦外之音，而你却照章办事，结果你是完成任务，人家是打了一场漂亮仗，谁占上风呢？

懂得“听话”，即是明白老板心里想什么，某一任务想达到什么效果。这种能力的具备，是你背起行囊向世界挑战的勇气和后盾。当然，不见得要把“会听话”解读成“溜须拍马”、“琢磨老板”。老板喜欢的手下，可绝不是只会投其所好的人，或者说，你要搞清楚老板真正“好”的是什么。

吃饭、喝酒、收礼品，试图用贿赂的方式获得老板的首肯进而获得机会，肯定能让你舒坦一会儿，可也就舒坦一会儿。老板要的是成绩，这点你必须搞清楚。这时，问题来了，到底怎样做才能成为一个“听话”的人？

一如很多问题一样，此问题没有标准的解答。最起码的一点，你应该做到观念的转变、格局的提升。具体来说，摒除“打工仔”的想法会让你尽快上升到“老板思维”的层面。试想，一个只为养活自己的人进入职场，你还指望他干出多大事儿？这类人不少见，每天只在自己那一亩三分地上晃悠，力求工作无差错、老板无苛责、同事无白眼，在安分守己中如履薄冰，生怕触犯了哪条规定。他们不愿意与老板交流、与同事深交，笃定地把“老板给工资，我只干工作”当成信条。这虽无错，可大抵会一生庸碌。

借由想法转变而来的，是勤于思考，捕捉每个细节背后隐含的真实含义。只是，你会发现自己身边有太多无法了解他人话语真正含义的人。有些时候，不是人家说的话高深、玄妙，让人云里雾里，而是来自理解力和“信号接收”的偏差致使交流受阻。

职场上的很多人在与老板沟通时，根本不在一个频道上。老板说东，他做西，这样的下属纵使再听老板的话，也只会添乱，让老板难堪，自然没什么大前途。

“听话”，是听出老板话中的另一层意思，那层意思往往能让你获得意外的惊喜。当然，听话的下属也是老板中意的，这是忠诚的一种表现。不过，忠诚不代表就得盲目。带着智慧去忠诚，带着脑子去听话，或许某天老板都会“听你话”了。因为你说的在理、入情，且于他来说，你的话代表的是他的利益。

职场是个大熔炉，环境嘈杂但不血腥、混乱但有章法，以检索性知识充实自己、以修养型能力提升自己，纵然这个世界没有为你让路，相信你自己也能“杀出一条血路”。

> “听话”是听出老板话中的另一层意思，那层意思往往能让你获得意外的惊喜。当然，听话的下属也是老板中意的，这是忠诚的一种表现。

第三章 思路比黄金更重要

思路不只在于产生，更在于落实。
思路再多，没有落实，就是死路。

有“思路”才能有“出路”

天堂的门损坏了，上帝决定招标重修。前来投标的有三个人：印度人、德国人和中国人。

上帝询问他们，把门修好需要多少费用。

印度人的答案是：3000 元，包括 1000 元的材料费，1000 元的人工费，还有 1000 元的劳务费；

德国人摇摇头，他给出了自己的答案：6000 元，包括 2000 元的材料费，2000 元的人工费，还有 2000 元的劳务费；

中国人微微一笑，说他需要 9000 元，分成三份，一份给你（上帝），一份作为他的劳务费，一份给印度人，让他做这个工程。

上帝十分满意：中国人中标！

一个人的想法，决定了他的干法。干法很重要，想法更关键。它是指示，是决定，是结果的早期体现。

思路决定格局，格局决定举动，举动决定出路。思路通畅的人，通常会巧妙地运用身边的一切资源为己服务，进而达成所愿。获得金钱，只是成功的一个物质性标志，尚不是人生意义的全部。真正的财富，来自于内心的满足以及对社会的贡献。

当然，对忙碌于工作、生活的我们来说，打通自己的思路，过好自己的日子是关键。而很多时候，职场中的我们却又受制于思路受阻，继而无法实现目标。或者说，我们中间的很多人在思路可变之时抓不住重点，忽视了机会。

开阔的思路人人想拥有，却是不可能人人都拥有。原因就在于，不少人更认同出路来自于“门路”。有关系、靠门路，前方自有一条大路。但你是否有想过，因门路而来的出路可是坚不可摧、稳若磐石的？

职场中的所谓门路就更是不堪一击。领导的小姨子、小舅子，经理的外甥、侄子，惯有的家族系统隐蔽于职场之中，不定什么时候你就触碰到“警戒线”。得罪与被得罪，都不会有什么好结果。

不要误会，这里的针对者即是那些有门路者，而非普通领薪水者。仰仗关系，已成恶习，但最终这种关系总会在各种各样的事实面前难以维系。真正的出路，绝不是靠这种门路走出来的。

职场中的思路，是一个人事业走向的导航仪。你有怎样的思路，就决定了会有怎样的位置。对每一个老板来说，有思路的员工有潜力、有后劲，值得培养。而这种来自老板的赏识，即是员工的一种出路。

思路的获得，方式多样，不同人有不同的方法，比如有的人善于在工作中总结，利用经验拓宽思路，以实现从量变到质变的转化；有的人更乐于创造，利用聪颖的头脑为所在的环境贡献“新”力，这是种依靠创新思路寻得出路的方式；亦有人通晓“借鸡生蛋”，维护着四通八达的人际关系，过的是“此路不通走彼路”的日子……套用一句俗语就是：“无论黑猫还是白猫，能捉住老鼠就是好猫。”不管哪种思路，目的只有一个：找到出路。

获取是结果的展示，但我们更需要的是得到产生思路的方法。所谓有鱼不如有渔，得到点石成金的手指，才是真正意义上的思想解放。

1994 年，一个年轻人被一组数据吸引——每年，互联网的使用人数都以 2300% 的速度疯狂增长。这让年轻人十分兴奋，加上位于西雅图的微软公司已方兴未艾，更让他内心一阵狂喜。

不久，这个年轻人决定干一件事：把线下的某种产品搬到互联网上。这个思路的产生并不容易，但也没有那么困难。难点在于如何落实。一番思量之后，他选出了二十多种产品，最后通过筛选，他把目标锁定在了书籍和音像制品上。

阅读是年轻人的爱好之一，他觉得把阅读搞到网上很有趣儿。等到西雅图那家以网上售书及音像制品为主的公司成立后，年轻人觉得自己干了一件颠覆行业格局的事儿。

的确，当他把书搬到网上，不少实体书店开始受到冲击。而网络的便捷，又在将其公司规模逐步推大之余，也让他成了实体书店的“终结者”。

十几年之后，这个年轻人的公司已成为全球最大的电子商务网购商城——亚马逊，而他就是杰夫·贝索斯。

一个简单思路的产生，缔造了一个电商王国。很多时候，思路并不是需要我们冥思苦想才有，它宛若灵感，总在不经意间闪现。

在职场中，思路更有丰润的土壤。老板的一句话、一个眼神、一个姿态，看似平常，其实往往藏着含义。这不是在为老板身上镀金，不是把他们当成教授悟空七十二般变化的菩提祖师，此仅仅是在提醒你：老板总会刻意或不经意地给身边人机会，能否抓住这个机会，就取决于个人悟性了。抓住了，在职场生涯就如虎添翼；抓不住，一如既往尽享平庸。

职场中，有老板提供捕捉思路的平台，而在人生中，收获喜悦的渠道全靠自己挖掘。

借由产生思路会产生这样一个引申：思路不只在于产生，更在于落实。

细细观察、用心体会，思路无处不在。可我们身边总有这样的声音：当初我是这样想的……好家伙，一句话就把出路封死了。思路再多，没有落实，就是死路。贵比黄金的思路，要真想“卖上”价钱，还得真正能在现实中变成真金白银不可，这才是真正的出路。

> 思路决定格局，格局决定举动，举动决定出路。思路通畅的人，通常会巧妙地运用身边的一切资源为己服务，进而达成所愿。

先给自己“定个位”

有一个乞丐，在地铁出口行乞。他的方式与一般的乞丐不同，他不是向路人伸手索钱，而是出售铅笔，以获得金钱。

一天，一个富商路过地铁出口，他从口袋里掏出了几枚硬币丢到了乞丐面前的破碗里，之后匆匆离去。过了一会儿，这个富商又回来了，对乞丐说：“对不起，我忘记拿铅笔了，你和我一样都是商人。”

几年之后，那个富商在参加一个高级酒会的时候碰到了一个人，那个人衣着华丽，端着酒杯向他致谢，并告诉富商，他就是当年地铁出口卖铅笔的乞丐。而他能有眼下的成就，就得益于富商的那句“你和我一样都是商人”。

无论你是否相信，你就是你认为的那个人。你给自己什么样的定位，你就会处于什么样的层次。

在职场中，把自己当成打工仔，那你永远都受制于人；而带着老板的心态工作，你会觉得平台是自己整个计划中的一个起点，所有的现有资源都旨在为你服务。你宛如古代元帅，调兵遣将、押运粮草，哪里需要支援，哪里就有你的决断。

遗憾的是，多数职场人很难转化角色，无法说服自己做自己的主人。他们知道那是“自欺欺人”，知道那多少有点类似鲁迅先生笔下的“阿 Q”。在他们眼中，老板付钱，他们付出，天经地义，不必颠覆。

如此说来，他们甘愿成为别人手中的棋子？你若当面这样说他们，得到的一定是一番咄咄逼人的回应：我只是暂居此处，他日寻得机会，自然会大展宏图！

啧啧，听起来真是豪言壮语。可再过几年你且看他，还是往昔的模样，甚至于不如往昔了。

定位的缺失，造成的是努力方向的偏差。你认为自己是底层，那么思想导引出的行为举止都将是底层人士的状态。而你若把自己定位成几年之后的成功者，那么今时今日，你的一切举动都将朝着既定目标去努力。甚至，你会发现自己不再懒散、懦弱、害怕承担、没有方向，而是充满自信、心态积极、处事果敢、一往无前。当然，罗马非一日建成，你的心态也是如此，不因为你的定位而立即改观。然而，你的所有举动却会在潜移默化中受到内心定位的影响。

不管是初入职场还是久混职场的人，在最初踏入职场时的心理定位就决定了几年、十几年的职场生涯和人生脉络。

有些年轻人经验不足、阅历不深，但他们冲劲十足、满身力量，在入职之初就为自己设定了 5 年甚至 10 年的目标，下定决心要成为哪类人。态度端正、目标精准，努力起来自然绝无疲态。与之对应的，是一些自视甚高之人，遗憾的是，他们这种高心态摆错了位置。他们不在职场发展和人生大计上使劲，而在对待他人上采取俯视之姿。显然，这是本末倒置的。

另外一个最为常规的现象是：进入职场的一群人打定了赚钱养活自己的主意。他们看钱，不在乎往身上贴金。事实上，技能的提升才是关键。可见，定位的偏差会造成多大的事业、人生“误差”。

身在职场，除了发展定位，有一个细节定位不容忽视，即职位定位。跟着老板干，你只是员工，这事儿到什么时候都别弄颠倒。与老板相处愉快者，大有人在，自古及今，那些闪烁着人性光辉的二把手，哪个不是谨守职责，不越雷池半步？越者，反矣，成者为王，败者为寇；守者，忠矣，千古留名，万人敬仰。古人都知定了位就得守位，奈何今天却屡屡僭越？

倚仗着与老板关系斐然，出言不注意、行为不注意，不分场合、时机地莽撞行事，最终定会连怎么死的都不知道。此细节定位，于任何一个环境中都极为实用，人人得记之。

给自己定位，也等于给自己选择一条路。是坦途还是荆棘、是明还是暗、是安全还是冒险，都在一念之间。而定位的准确与否，在某个意义上说，可能还不是问题的全部，关键是有否定位。

个人定位高低、有无定位决定了职场走向和人生宽窄，而组织、团体是否有定位，也一样决定了发展是顺畅、磕绊，还是昙花一现。

索尼公司创始人盛田昭夫，于 1955 年带着公司的产品卡带录音机、立体声麦克风和晶体管收音机到美国找客户。他很快遇到了一个大购买商——布罗瓦的手表公司，该公司的销售代理对盛田昭夫带来的产品很有兴趣，当即决定订购 10 万台。

这笔订单对当时的索尼公司而言极具诱惑力，但同时也有一个条件：产品上要印上布罗瓦公司的商标。

当听到这样的条件，盛田昭夫收起了因订货量大而来的笑容，他马上与总部联系，请求指示。得到的指示很令盛田昭夫失望：同意条件。可在他看来，索尼将来必定是享誉世界的品牌。于是，他告诉那个代理人：总部不同意。

代理人很惊讶，他表示如此大的订货量，会让索尼公司赚上一大笔。

盛田昭夫说："放弃这笔生意确实可惜，但我们公司的品牌更重要。"

代理人有点轻蔑地说："你真是不懂做生意。索尼的名字谁会知道呢？而我们公司却有50年的历史，是全世界知名的商标。"

盛田昭夫见对方有意嘲讽，坚定地说："50年前又有几个人知道贵公司的名字？我们公司与50年前的贵公司一样，刚刚迈出了第一步。再过50年，'索尼'一样名扬天下！"

不怕定错位，就怕没定位。职场需要定位才有准确而具象的发展，人生也是如此，你的想法和举动，决定了你将成为哪个群体。

> 在职场中，把自己当成打工仔，那你永远都受制于人；而带着老板的心态工作，你会觉得平台是自己整个计划中的一个起点，所有的现有资源都旨在为你服务。

敢“想”才能敢“干”

“汽车大王”福特很小便在父亲的农场干活，12 岁那年，他便在脑海中构思出了一种能在路上行走的机器的雏形，他觉得这种机器应该可以代替人力和牲畜。可他的父亲并不赞同他去把想法变成现实，坚持让他在农场帮忙。

福特坚信自己能成为一名优秀的机械师，所以他仅用一年时间就把需三年时间才能完成的机械训练完成了——这真是一个奇迹。接着，他又忙里偷闲，耗时两年对蒸汽原理进行研究，以求快速达到目标。只是，这次他没能成功。继而，他开始把精力转移到研究汽油机上，梦想着制造出一部汽车。

当时，福特的创想打动了发明家爱迪生，于是其被邀请到底特律担任工程师。历经十多年的努力，福特终于制造出了第一部汽车引擎，他成功实现了自己的梦想。

不在乎你有多少想法，只在乎你实现了多少。只敢想，不敢做，是空谈；只敢干，不会想，是莽撞。这两类在职场中都不可取，会造成截然不同的两类人：一类纸上谈兵，一类莽撞行事。

有人说，理想是干出来的，不是想出来的。这话不假，可也不完全。想与干的结合，才是实现理想的最佳方式，也是唯一方式。自古以来，敢想的人都不在少数，白日做梦者直到今日仍大有人在。我们之中，为什么更多人偏向于想而忽视干呢？因为想比较容易，干很麻烦，令人疲累。

比如老板开会，希望大家踊跃发言，提出建设性意见。等会议结束，总结性的报告一出现，你会发现海量的建设性信息，这是思维碰撞的结果。可是，最终随意挑出来一个落实，就未见得如想那般容易了。

想只费心神，不费看得见的力气，不需要物质性付出。故此大家更愿意去想一想，不愿意做一做。

还有一个原因，就是空想太多，造成了落实的困难。不现实的想法有时候特别美，不用去包装就有种摄人心魄的能力。于是，或许为了赢得老板的褒奖，一些人开始在这上头大做文章，搞得每一个“创想”都惊天动地。末了，却还是桥归桥，路归路，徒增劳苦。

职场里的敢想，不需要多华丽，实在的想才是有价值的想。而这样的想，才是真正意义上的“敢想”。敢想之后还要敢做，这里的敢也不单指胆量，它是掌握方法、找到窍门，最终让“想”成真。

我们每个人，时刻都会有千奇百怪的想法诞生。你可能曾有这样的经历：怎么会有这个想法出现呢？有时，细心捕捉这种想法，它的轮廓就可能会变得越来越清晰。但在我们中，漠视想法已成为常态，即便有哪种让自己迅速提升的法子，也会囿于懒惰、不自信等心理因素而夭折，真是遗憾至极。

如果单从想与干的关联中描摹人生轨迹，我们大抵可以说任何人的一生都有这三大遗憾：不敢想，更别提做；敢想，却没有去做；敢想，也敢做，可没能坚持到底。举凡成功者，皆是想得妙、做得妙，更善始善终。

卓尔不群，是人人都向往的。在职场上独当一面、披荆斩棘，更是今日都市人们的现实远景。可只把那现实当远景，则又是一个无限的无奈轮回。每个人都可以成功，都可以创造奇迹，然而大部分人与梦想擦肩，原因自是不言而喻的。

只要敢想，没什么不可能。巧干加上大胆地想，未来肯定不会错。当然，没人敢说这是成功的法门，而在这条奔向成功的路上谁都会栽跟头，栽了要认、失败要韧，成功自然就任你了。

苏宁电器董事长张近东，老早就喊出了成为“中国的沃尔玛”的口号，更认为“13 亿人的中国市场一定能够培育出世界 500 强的现代零售企业”。张近东是敢想的，作为企业领导者，喊出的话就得努力实现。

张近东是个敢想也敢干的人。1993 年那场声势浩大的“空调大战”，是张近东落实想的举措。当年，苏宁与八家国有商场一决雌雄，玩起了价格大战，实在令人叹为观止。而最终，敢想敢干的张近东成了最后的赢家，自此苏宁电器一路凯歌，成为国内顶尖的电器商。

对于某些职位特殊的人来说，敢想本身也是种勇气。身居高位，一言一行都要很有“范儿”，言出必行，若行必果。说到底，一切都应该归于想上，没想，哪来的实践？

今日社会，空想的人很多，蛮干的人更多。都说要有目的性地做事，有节奏地施行计划，有步骤地落实想法，可我们见多的却是勤奋有余、思路不足的人。思路打通出路，巧妙地想、灵活地想，方法自然就会浮出水面。

> 想与干的结合，才是实现理想的最佳方式，也是唯一方式。

别让经验束缚了你

一种叫做“肺鱼”的鱼类生活在非洲的沼泽地带，每年旱季一到来，沼泽里的水快要干涸之时，肺鱼即会钻进泥地里，十分精巧地建造一个“泥屋”，并在其上留有一个通风口。就这样，它们可以连续几个月不进食，只在“泥屋”里面积蓄能量。

待下次雨季到来时，雨水就会慢慢将肺鱼的“泥屋”冲垮、分解，随即，肺鱼就又能恢复原来鲜活的状态了。千百年来，肺鱼就凭借这种经验来度过难熬的夏季，繁衍生息。

不过，这种千百年的经验却也让它们因此而断送了性命。当地土著人每逢旱季，就会到沼泽地遍寻肺鱼的“泥屋”。找到之后，会用清水人工地形成“雨季”，促使它们将体内的脏东西全部吐出来。接着，再用水及其他调味品混入和好的面糊中，如此一来，肺鱼还以为旱季再次到来，就会按照经验以面糊为泥浆，把全身裹住。而土著人就顺势将肺鱼烤熟，让它们变成盘中美味。

经验是一把双刃剑，能助你，也能毁你。沿袭经验，意味着走老路，依靠曾经的方法做现在的事情，会让你少走点弯路，起码你心里有底。然而，时过境迁，经验的产生是当时当日种种背景催生而来的现成方法，却未见得能准确指导当下。甚至于，那些过时了的经验，恰恰是断送一个人大好前程的刽子手。

职场里的经验，可以帮助规避风险、逃离责任，但同样也会带来桎梏。有些人因为经历过，所以再次触碰之时就显得裹足不前。他们甚至会规劝你别去以身试险，因为他们曾吃过大亏。俗话说，“事非经过不知难”，没有到一线去看，是没有发言权的。谁能肯定你当日接触的，与眼下情况一般无二？

有些职场菜鸟们，为求自保而过分迷信经验，觉得那是前辈留下来的安身之法，谨而守之，必定不错。更何况，纵使按照经验而最后落入俗套，起码没有承担任何风险，对自己也没造成丝毫损失，岂不美哉？

我不能说这是种不求上进的表现，毕竟不能胁迫一个人非得做出惊天伟业。遗憾的是，空走一场人生，老来只留浮生叹惋，却也真就得不偿失了。那么没经历过的、努力过的、尝试过的，在不再能触碰的年龄会如同利剑一般刺入你的胸膛，让你后悔不已。

从人生的角度谈，这有点太过矫情。职场上的经验固然有用，可信但不能全信。怎么掌握尺度？这是难点。

我们不否认经验的作用，它起码是规避可见风险的屏风。对于初涉职场的人来说，前辈的经验也能在一定程度上避免你进入误区，做出些出格的事情来。比如组织里的人际关系网络、哪些是敏感神经区、作为新人的注意事项……此类都可以依照经验而获悉，从而找到适当的应对之策。

经验的类别自有不同，上述情况遵照经验大抵可事半功倍，因为它们就客观存在那里，不管谁来，都要接触它们。于是，这类

“检索式”经验无需自己总结，奉行“拿来主义”即可。

而触碰其他情形时，经验大抵只能起着“横拦竖挡”的负面作用。打个比方，进入某个新环境，了解到老板的喜好从来都会得到新人的“满足”，于是暗箱操作蔚然成风，大家也都心照不宣。于是，即便老板换了，可大伙还认为汤换了药没换，一如既往地“孝敬”。遇到与此前老板“同道中人”的情况，这事儿当然可以顺理成章了，可遇到两袖清风的，结果会咋样自是可想而知。

这不是特例，而是惯例。人情上的经验，在职场上也轮番上演着。然而，作为纯粹的职场中人，我们需要的不是揣摩怎么退避三舍、明哲保身、急流勇退、过犹不及，而是追随自己的内心，脚踏实地、一往无前、粗中有细、冲破束缚，成为经验的创造者。

打破规则才能出成绩，恪守经验只会一败涂地。

Wipro 科技公司 CEO 威菲克·保罗从一次经历中找到了成功的办法。

一次，他在印度邦加洛附近的丛林里体验骑大象的感觉。与他想象中不同的是，高大强壮的大象只拴在细小的木桩上，这让他好生奇怪。带着疑惑，他询问大象训练师，缘何能用那么小的木桩拴住强壮的大象?

驯象师告诉保罗，大象在很小的时候，就会被拴在一个固定的木桩上，但绝不能让大象拔掉。待它们尝试了几次而不能成功后，就不会再去拔木桩了。

这件事让保罗很有感触，他开始明白经验的危害性。1999 年，保罗接手了 Wipro 科技公司，当年只实现了 1.5 亿美元的营收。而后，保罗除旧布新，踩在经验的肩上朝着更高的山峰跳去，最终令 Wipro 科技公司成为了全球顶尖的软件公司。

依托经验，利用经验，一步步走向自己最初在脑海中建筑的港湾，是经验所能作出的最大贡献。相反，总以为自己的经验便是不可颠覆的，亦步亦趋追随着经验的脚步，最终很可能在经验上栽跟头。

职场需要经验，可又不能笃信经验；人生需要经验，但又必须时刻打破经验。随时调整，灵活应对，恪守变化，你才能走出囚禁自己的牢笼。

纯粹的职场中人，需要的不是揣摩怎么退避三舍、明哲保身、急流勇退、过犹不及，而是追随自己的内心，脚踏实地、一往无前、粗中有细、冲破束缚，成为经验的创造者。

改变是收获的开始

甲乙同在一个公司。甲对乙说："我必须离开这个公司，一天也呆不下去了，我痛恨它！"

乙说："你说得太对了，我特别赞成你报复公司。这样的公司，必须给它点颜色看看！只是，现在离开并不是最佳时机。"

甲很奇怪："为什么这么说?"

乙说："现在你离开公司，对其造成不了多大损失，你的报复也不会多么畅快。不如你趁着还在公司，用尽全力去争取更多的客户，成为公司里数一数二的人物之后，再离开时，公司的损失可就大了，你也就达到了报复的目的了。"

甲觉得乙说的特别在理，于是工作起来十分努力。最终，仅用了半年时间，他就成为公司里的骨干。等再与乙见面时，乙说："现在，你可以离开公司了，而且此刻是最佳时机，必须把握机会！"

甲笑了一下，告诉乙说，公司的老板已经决定升任他为总经理助理，而他也不打算离开了。

事实上，这正是乙想要的效果。

不用我说，你肯定有过无数次跳槽的想法。但没跳成的原因中，应该有一条是：暂时找不到更合适的工作，暂时屈就于此。这种想法太过普遍，以至于某些职场新人一入职，就会听到某个元老打算离开的风言风语。

对于大部分职场新人来说，初涉这样的环境首先便在心理上得到了不好的暗示。元老打算离开，组织一定有问题。

那些暂时屈就于组织中，而盘算着另觅他途的人，最终一定得偿所愿。因为想法决定了行动，他们的关注点旨在寻找新出路，不在工作上。

老板喜欢什么人？不是阿谀奉承的、不是当面一套背后一套的、更不是朝三暮四想着跳槽的。好话谁都爱听，但不代表老板会喜欢阿谀奉承的人。老板是掌舵的，至于谁在船只航行中能使上劲儿，谁是拆台的人，他心知肚明。知道不一定要说，所谓“不聋不瞎，不配当家”，也就是这个道理。

老板不说，你得有自知之明。身在职场，不学会改变，终有一日是会被淘汰的。

改变意味着颠覆，你必须剔除身上一切与职场惯性不切合的因素，拿捏尺度、步步为营。

傲慢在职场中太过常见，鲜有做出点成绩而不邀功者。原因在哪儿？在于人性的张扬和贬低别人、抬高自己的劣行。幸运的是，它是可控的。无论取得什么成绩，要别人去说，而不是自己夸夸其谈。

太多职场人的傲慢来自于沾沾自喜，总认为自己所做出的一点功劳值得大书特书，这都源于他们对自身要求过低，没搞清楚什么是高端，什么是稀疏平常。故此杜绝傲慢的一个有效方针，就是严格要求自己的同时，拔高目标，不要短视。

好家伙，既然教授我们不要傲慢，并定高目标，以取得大成就，那么好，我们低调下来，努力去实现远景。

只是，不少人循着这个思路干的是什么事儿？——讨好。

捧是必要的，可不是关键。老板需要你捧，这里的捧是用业绩把组织搞得越来越庞大，可不是捧老板自己。你说得再好，干得很少，说不准哪天，老板就把你"撂倒"。

讨好不如实干，你真能干出成绩，不必去做"画虎不成反类犬"的事儿。

身在职场之上，需要改变的方面太多。当然，这并不是说你身上每一样东西有价值。打个比方，以前你身在技术性很强的单位，手里掌握的都是纯技能，与你打交道的也都是在技能上有点见地的。后来，你跳槽到一家公关性很强的单位，虽然两个环境都要求具备技能，可技能种类的差异性就决定了你必须做出巨大的转变。转变好了，你的职场就顺；转变不好，你的人生就倒。

所谓"山高自有客行路，水深自有渡船人"，不是唐僧就念不出紧箍咒，不是悟空就难以降妖。摆正自己的位置，认清自己的内心，做该做的事儿，该改变的时候义不容辞地改变，才是职场顺畅的关键。但这一点，对很多人来说却是万难。

难点在哪儿？难在人总爱跟自己过不去。老板开会不叫你，你猜疑：是不是我不够忠诚？老板看不上我？组织开展活动没有让你负责一个项目，你不平衡：凭什么让他去不让我去，能力均等，机会也应该均等；升职加薪跟你不沾边，你大发雷霆：最苦的活儿我干，甜头却一点没有……你就那么跟自己过不去吗？

心态的改变，是一个人真正改变的开始。一切形式上的变化都是表面的，只有心态的改变才是本质性的。

职场中的改变，是事业昌盛的基础；人生中的改变，则是无穷智慧的延伸。活法人人迥异，何不选择一种让自己觉得最对劲儿的呢？总疑春色在人家，却不知自己内心绚烂。改变，有时只是一瞬间的事儿。你眼中的地狱，于他人眼中或许是天堂；让你哀怨的事儿，对他人而言却是莫大的惊喜。

转念花开，人生绚烂。

> 改变意味着颠覆，你必须剔除身上一切与职场惯性不切合的因素，拿捏尺度、步步为营。

拆分大目标，让梦想更易实现

有四只小虫子，它们都喜欢吃苹果。一天，它们决定到森林里去找苹果吃。

第一只小虫子漫无目的地爬着，它不知道苹果树长什么样子。一天，它爬到了一棵苹果树下，但它并不知道这就是苹果树。茫然间，它看到其他虫子也在往树上爬，于是它也没有目的、没有方向地爬着，它不知道自己要哪种苹果，更不知道怎样去摘苹果。

第二只小虫子也爬上了一棵苹果树，它认识苹果树。虽然它想要一个大苹果，可却不清楚苹果究竟长在什么地方。它想，大苹果应该长在大树叶上吧？于是，它只往大树枝上爬，每次遇到分支，就马上改变方向。最终，它找到了一个苹果，可却是最小的。

第三只小虫子远胜于前两只。为了找到自己想得到的大苹果，它特地研制出了一副望远镜。在攀爬之前，它首先用望远镜搜寻了一番，然后锁定了目标——一个又大又红的苹果。此外，聪明的它发现，从下往上找路会遇到很多分支，而且有不同的爬法。这只小虫子细心地观察了它选中的苹果的位置，然后由上往下反推自己当时所处的位置，并牢牢记下了这条路。可它爬行的速度很慢，抵达目的地时，那个被它选中的又红又大的苹果已被其他虫子占有。

第四只小虫子最厉害，它知道苹果何时会长大，所以拿着望远镜搜寻时，它看中的是一朵含苞待放的苹果花。之后，它计算着自己的爬行速度与苹果成长速度之间的关系，最终找到了又大又红的苹果。

人生需要计划，职场也一样。工作的每一步都应细致入微，哪怕是最小的细节，也要考虑在内。没有计划的人，一定会被“计划”掉。

周密计划是一个人思路宽阔的体现，而这种比黄金还重要的思路，正是决定出路的关键。有计划，不重要，重要的是计划每一步。

“十年后，我必然会成为一家企业的董事长。”就算这话你不曾说，脑海里也可能有过这话所形成的影响。混迹职场，不求晋升者并不多。更多人渴望通过努力实现人生目标，过上幸福生活。可结果我们早已领教，大部分这么去想的人，只有小部分能如愿以偿。究其原因，就在于空有大计划，没有小步骤。

你问一个人职场目标是什么，他可能会跟你谈上半天。在这半天的谈话中，你所听到的基本都是他实现目标后的人生做法，却几乎听不到他实现目标前的职场干法。甚至于，你若刻意刁难地问“你打算怎么去实现”时，他可能就支支吾吾、模棱两可了。或者，虽跟你聊上几句怎么实现，却也是大致、笼统的概念，没有一点细致之处。显然，他们的计划永远是大块头，没有小节奏。为什么会如此？因为他们更愿意憧憬美好，而不愿意去实现美好。说想，他们冲在前头；说做，他们永远在最后头。

在职场中，任何任务都可以分成若干小块，而后逐一解决。打个比方，一块10公斤的奶油蛋糕要你吃掉，不规定时间，那么你自然会将其分成若干小块，每天干掉一块。职场中的任务虽然没有吃蛋糕这么随意，允许你无时限地消灭，可遵循“小步快跑”的哲学，总比你大步流星更安全，也能更快地实现目标。当然，更重要的是，大块蛋糕放在那儿挺唬人，而分成小块，心理上比较容易接受，能增强你“干掉它”的信心。

迈克尔是一个十分热爱音乐的小伙子，而且有一副好嗓子，他梦想着有一天成为著名的音乐家。可惜他不擅长写歌词。于是，一个叫史蒂芬的人成了他的合伙人，在歌词上弥补了迈克尔的短处。

有梦想是好事，但两个没有背景的毛头小子想在音乐界立足，发行自己的唱片却十分困难。一次闲聊中，史蒂芬突然问起迈克尔这样一个问题：想想你5年后在做什么？不要着急，你先仔细想想，想好并确定下来后再告诉我。

迈克尔沉思了好一会儿后，说：“第一，5年后，我希望自己能有一张唱片在市场上，而且这张唱片要很受欢迎，能够赢得大家的认可；第二，5年后，我希望能居住在一个有很多音乐家的地方，能够天天与世界一流的音乐家在一起工作。”

史蒂芬听完后说：“好，迈克尔，既然你已经确定了这一目标，那么我们不妨把你这个大目标掉转过来看。可以这样设想一下，如果第五年你已经有一张唱片在市场上了，那么你第四年就必须与一家唱片公司签约。那么第三年呢？你需要有一个完整的作品，可以拿给很多唱片公司试听，对吗？第二年，为了达到第三年的目的，你就需要有很棒的作品，并且为这个作品录音。第一年，你要把所有准备录音的作品编排好、排练好。第六个月，那些没有完成的作品必须修饰好，以供自己选择和筛选。第一个月，你必须把手上的几首曲子完工。第一个星期，率先列出一个清单，排出哪些曲子需要修改，哪些需要马上完工。”

按照这样细分的计划，两个初出茅庐的小伙子果然如愿了。第五年到来时，迈克尔的唱片开始在北美市场畅销起来，而他每天都与一些顶尖的音乐达人在一起工作。

细分你的计划并落实下去，比你制定计划更重要。一个天大的计划听起来似乎难以实现，可反推回来，把组成它们的一个个步骤拆分开，你会发现一切是那么轻而易举。但问题的关键是，你首先要有一个极富价值的计划，而后就是踏踏实实地把计划“最小化”、“可视化”，继而，在完成每一步时你就更有信心，每一次小成功也都将带给你持续向前的动力。

“初涉职场，少不更事，工作干不好很正常”，这话听起来有理，实则无趣。即便你是新人，也应该在进入职场之前就计划好自己的职场道路，这会让你在每一个环境中都走得更顺。换句话说，为什么我们要等到年华已经远去、满脸“阶级斗争”时才为今后做打算呢？

未做事，先立志，在“接触陌生”之前就“计划陌生”，如此一来，陌生就等于在你脑海里被熟悉了一遍。

职场没有预演，人生没有彩排，看准了你就走，计划好了你就要出手。

> 人生需要计划，职场也一样。工作的每一步都应细致入微，哪怕是最小的细节，也要考虑在内。没有计划的人，一定会被“计划”掉。

第四章 方法总比问题多

不怕有问题，就怕没问题。出现问题，意味着我们迎来了职场跳跃的新阶段、人生拓展的新局面。

别千方百计想逃避

一个业务员到一家公司谈业务，他希望能与董事长面谈。可董事长门外的秘书拦住了他，表示董事长并不想谈这笔生意。业务员掏出一张名片，希望秘书转交给董事长。董事长不但拒绝谈生意，还拒绝要他的名片。

业务员并不死心，几次三番，董事长发怒了。他愤怒地将业务员的名片撕掉，并从口袋里掏出了 10 元钱，让秘书转告业务员，他用 10 元钱买下那张名片，请他速速离开。

业务员接过钱，放在口袋里，然后又拿出一张名片递给秘书，并用办公室里的董事长能听到的声音说："非常抱歉，我的名片一张仅值 5 元钱，我没有零钱，所以再给你一张吧。"

秘书还没有回应业务员，董事长屋内便传出了声音："让他进来。"

显然，案例中的业务员十分聪明，善于运用方法。更重要的是，遇到困难，他不逃避，勇敢面对。故事精彩，可道理俗套得不能再俗套。遗憾的是，俗套的道理从来都难倒一大批人。他们看似聪明、充满活力、有干劲、不退缩，可真做起事情来，实在差强人意。为什么会这样？他们所具备的特质足以应付一切突发事件，但怎么还是不成功？

聪明，表现的是小聪明，对待棘手的事情他们就显得慌乱；充满活力，表现在聚会和交异性朋友上，面临挫折就如霜打的茄子一样；有干劲，一般多指搬搬扛扛的体力活，事业上很难上心；不退缩，只在工资条出了问题而向财务讨钱上，碰到困难，跑得最快。

这么说，是不是太过言重？不是言重，而是言中。

职场中存在太多难以预期的事情，而绝大部分人根本没有预先的心理准备。一遇到事情，谁能苛求他们当即摇身一变，成为职场救世主，把每件事情都处理到位？如此说来，一些人的闪烁其词是有理有据的。这也决定了为什么一些人只能永远重复着手上的工作而难有更大的成就。

身在职场，人人期望不出乱子、风平浪静，水到渠成去实现某种目的。于是，没问题，欣喜；有问题，逃避，就成为一种惯性。问题永远不可能彻底消失，不过人们却有办法不去接触它们，显示出了“没问题”的假象。

相信没有任何一个老板喜欢逃避问题、责任的下属。出了事情，老板顶住，下属逃之夭夭，这是什么局面？老板是坐镇指挥者，打先锋的还得是下属。群龙一旦无首，必然溃不成军。可见，不逃避，不是保了老板，而是保了自己。

优秀的员工，从来都会主动发现问题，而后解决问题。他们眼里容不下问题，对他们来说，问题是提升自身能力的关键和最有利的武器。踩着问题，即能登上更高的位置。

在职场中，问题就是机会，解决问题就是抓住机会，逃避问题就是放弃机会。如此解读，很多人或许会有所质疑：问题如果是机会，捅了娄子，算不算机会？当然算，娄子越大，机会越大。

当然，这有点令人费解。身在职场中的我们常被长辈们教导：千万别捅娄子。于是，遵循着这一原则，别说捅娄子，就是跟它一沾边，我们中的畏惧者都躲得老远。

此时，若有人站出来把娄子摆平了、搞定了，你也就傻眼了：原来那样做就可以了！太遗憾了，太后悔了！接着，看着人家在单位的地位与日俱增，在老板的眼中越来越红，你也就越来越羡慕了。至此，再提起这个话茬儿——逃避问题就是放弃机会，你作何感想？

人人想成为优秀，这很自然。那些在工作上表现得特别出色之人，实际上也并非一开始就是如此。天底下没有哪所机构是专门培养优秀人才的，不见得一走出来就是优秀。当然，若反推回去，有的人一入社会就是优秀。

无论在哪儿，总惦记着解决问题的、出现问题而不逃避问题的人，其能力和水平自会逐步提升。待步入社会之后，解决问题的能力的大小，便自然将其划分到另一个层级。有些人起点高，不仅仅在于学历、背景，很大一部分原因也是人家自身能力过硬。

出现问题不逃避，找方法总比找借口要好。一个被视而不见的事实是：很多职场人不懂得“长线投资”。

拳石频移垒泰山。每一个小问题都是日后的垫脚石，解决眼前问题，不是为了马上收获喜悦，而是为他日的横刀立马、舍我其谁做铺陈。

人们总是在感慨：我怎么就不能像他那样开着大奔，整日优哉游哉。或许，你曾看到自己曾经的同学经过几年、十几年的发展，开始分出批次：夹着小包，开着宝马的；衣冠楚楚，开着宝来的；汗流浃背，蹬自行车的。如果把一个问题摆在三种批次的人面前，他们必然有截然不同的处理方法。你为什么会知道？因为你是从他们的地位反过来去忖度他们的思维的人。

如此说来，当三个普通人站在你面前，分发一个问题给他们，或许你就可以判断最终结果了。由此，我们得出的结论是：你对待问题的方式，决定了你他日究竟以何种姿态面对社会。是接受，还是逃避，做出你的选择吧！

> 没有任何一个老板喜欢逃避问题、责任的下属。出了事情，群龙一旦无首，必然溃不成军，那时，逃避问题的你，必然会受到老板指责。可见，不逃避，不是保了老板，而是保了自己。

方法是通向成功的桥梁

水牛在河边喝水，这时飞来一只阳雀，也落在河边喝水。

水牛嘲笑着说："你身子长得那么小，只几滴水就能让你喝饱，用得着到河边来喝水吗?"

阳雀笑笑，说："水牛大哥，其实你不知道，别看我长得小，可我特别能喝水。"

水牛不信，非吵着比试比试，阳雀答应了，先让水牛去喝水，看它到底能喝多少。此时正值涨潮，所以尽管水牛很卖力气地喝水，可河水却一点没有被喝下去的痕迹。一会儿的工夫，水牛已经撑得不行了。

轮到阳雀了。阳雀稍等了一会儿，只见河水迅速地退了下去，片刻，它把嘴伸到河水边。

站在一旁的水牛惊讶不已，不相信自己的眼睛。而实际上，阳雀一滴水也没喝，只是把嘴放到河水里做样子。

做事掌握方法的人，必然最先到达成功的彼岸。

找到方法，事半功倍，付出很少，收获很多。付出和收获向来都是“等式”，在此怎么变成“不等式”了？很多人可能搞不清楚这个问题，所以职场生涯被他们混得很烂。

凡事都有方法，没有例外。学习有学习的方法，工作有工作的方法。不要以为找方法只是学生时代的事情，那些能让你从同学中脱颖而出的学习方法，曾多么令人艳羡。而如今呢，到了工作岗位，就要抛弃方法、忽视方法，觉得职场里从不讲究这些，而只顾学历、背景和人际关系吗？

论学历，你有吗？论背景，你有吗？论人脉，你有吗？都有，但太低、太浅、太少。所以，在职场立足，甚至于希望人生大变模样的一个出路，就是找到方法。方法助你通往成功。

你是否在踏入职场之前对未来充满期待，满脑子是些不切实际的想法？有的人甚至梦想享受帝王般的待遇，尽享奢华。这些能实现吗？有难度。起码帝王般的待遇从当今社会来说不太现实。不过，这些曾让你一想起来就兴奋的事情，不应该只是闲来无事对人生的“解渴”之想。没有奢华的帝王待遇，还可以有更现代的其他待遇，所以你的幻想只要一变，你还是可以大大方方地做着白日梦。只是，决不能“干做”，要“湿做”。

“湿做”，自然是混入些东西在里面。混什么？实现成功需要什么，就混什么。借由此，我们可以说，白日梦就是敦促你前进的正能量。而你要做的，就是想尽一切办法去实现这些白日梦。想要实现，就得找到方法。

找方法，就是在节省时间，就是更快地完成事情，就是更早地收获成功。于是，收获和付出的“不等式”出现了。在外人眼里，你可能做的工作不多，不过收成不错：职位提升了，待遇提升了，得到老板的赏识，职场生涯顺畅，人生目标也更清晰。但这些绝不是一蹴而就的，也不是你一次找对“方法”就能全部达到的。

值得一提的是，一次方法造成的是一次“不等式”，而方法叠加，结果迥异。那些职业生涯发展顺利者，多半是因找到了藏着方法的井，实现了“井喷”，所以他们的现实才那般光彩夺目。

了解了这些，等你再看到一个人职位高高在上，整日看似“无所事事”时，心里应该有数了：他们肯定是找到了那口“井”。

别人的“井”没什么好羡慕的，你也别指望着他人能把井水分给你喝。把自己那口井的“任督二脉”打通，才是最应该做的事情。

做奥普浴霸的方杰曾被人轻视，很多人认为他的成功是一蹴而就的，几乎占据了天时地利人和。但事实上，这都是他找对了方法，并勤奋学习的结果。

当年，还在澳大利亚留学的他到当时澳大利亚最大的灯具公司打工。商业谈判对于当时的方杰而言是一道难关，他自己也知道这是他的短板，所以他下决心一定要学会这种本领。于是，每当他有机会与在商业谈判上可称为高手的老板一同出去进行商业谈判时，他便会在口袋里放一个微型录音机，将老板与对方的谈判内容全部录下。回到家后，他会一遍一遍地认真倾听，然后仔细揣摩，看看老板是怎样谈判的，对方提出问题后老板是怎样解答的。功夫不负苦心人，在日积月累下，方杰在短短的几年后成为一名商业谈判高手。后来老板退休了，便把位置让给了他。

1996 年，方杰凭借自己的努力几乎成为当时澳洲身价第一的职业经理人了。这时，发觉时机成熟的他不想再为他人作嫁，于是选择回国创业。奥普浴霸就是在方杰的这份勤奋学习下建立起来的。

找对了方法，成功显得是那么自然而然，不需悬梁刺股、凿壁偷光，只要对上感觉了，一切都游刃有余。

职场中的我们对这一点总是有所怀疑：何为方法？如何找到方

法、找对方法？这是个棘手的问题，不同的环境，对方法的解读也不尽相同。即便是富豪榜上那些富翁，也很难给一把钥匙开尽天下的锁。

实际上，辨别方法的属性很简单，它具有“帮助我们尽快完成工作”的特点。具备这种特点的，就是方法。

实在点说，方法不必去找，我们在职场中，甚至人生中若懂得总结、善于发现，它们往往会自动上门，让我们在最短时间内跳得更远。

> 想要成功，决不能“干做”，要“湿做”。“湿做”，自然是混入些东西在里面。混什么？实现成功需要什么，就混什么。

不怕有问题，就怕“没问题”

一家餐厅的角落里坐着一位企业家，他似乎遇到了麻烦，一个人坐着喝闷酒。

这时，一个热心人走到企业家身边，轻声询问道：“先生，我想您一定有什么难以解决的问题吧？您不妨说出来，说不定我可以帮您的忙。”

企业家抬眼看了看那个人，面无表情地说：“我遇到的问题常人难以想象，天底下没人能帮我。”

这个热心人马上掏出了名片，表示让企业家第二天一早到他的办公室找他。

次日，企业家果然如约而至。这个热心人笑着说：“先生，现在我带您去一个地方。”

企业家有点云里雾里，不知道他到底想干什么。热心人驱车将企业家带到了郊外的一片荒地，下车后，他指着前面的坟场告诉企业家：“先生，现在您看看吧，只有躺在这里的人才是没问题的。”

“老板，合同出了问题，对方违约……”

“客户打电话抱怨产品质量有问题……”

“上级领导表示，单位内部存在很大的人事安排问题……”

“嘿！你是不是有问题？……”

我们生活在无穷无尽的问题中，最大的工作是解决一个个问题。那些我们听到的问题、发生在自己身上的问题、别人导致的问题，如同暴风骤雨一般猛烈袭来，浇得我们宛若落汤鸡。可我们依然幸运地存活于世，朝九晚五地解决着各种问题。如果某一天，世界上的问题都被解决完了，那是不是意味着一切归于平静、人人都是富翁？相信那样的现实才是最大的问题。

不怕有问题，就怕没问题。出现问题，直面问题，分析问题，解决问题，这才是达到目标的基本方略。期待着没问题，我们就会面临大问题。

职场中，问题的出现对某些人来说过于恐怖。他们畏惧面对问题，总是表现得畏首畏尾、小心翼翼，生怕“叫醒”问题后问题缠身。

事实上，问题是打开职场秘门的金钥匙。遇到问题，老板其实眼明手快，能准确洞悉到问题所在，可通常情况下，那些无关原则的问题都不会入他们的法眼。此时，就是他们为组织选择合适人才的时机了。

那些能抓住机会解决问题的人，会主动出击，找到问题，予以解决，尽快把任务落到实处。你看，通过这样主动与问题接近的方式，职场层级就出现了。很多时候，不是我们喜欢把职场中人按三六九等分级，而是现实不得不让我们做这样的区分。不然，谁知道哪类人是人才，哪类人是庸才？

问题提升能力、挫折磨砺心性，拒绝问题的存在，就是拒绝向高层迈进。混职场，混的是职业生涯的光鲜亮丽，不信你去问任何一个职场中人，他们都有目标、有理想，只是有些人表露得明显，有的人藏在心里。不管哪种表现形式，都说明了一个问题：人是进取性动物，否则人类社会怎么发展？即使这是种隐藏性情。

我们总谈抓住机会，寄希望于一次就咸鱼翻生，成为人精。这可能，也不可能。可能，是因为一个人先期做了太多的铺垫，他懂得积蓄能量，得到合适时机，就一飞冲天；不可能，是由于一个人有太多幻想，不踏实、不务实、不现实，白日梦谁都会做，但指望白日梦发迹而无所付出的，是“一枕黄粱”里的家伙。

真正抓住机会的表现，就是寻找问题。我们说，机会是留给做好准备的人。准备什么？准备解决问题，只有触碰问题，解决问题，机会才会光顾。坐享机会到来，退一步讲，就是等着问题到来，这么一说，恐怕多数人又得临阵脱逃了。等问题，这是自讨苦吃，而我们要的是机会！

“没问题”是句口头禅，比如催交报表，一个同事拍着胸脯跟你保证：没问题；客户问你能不能报个最低价，你打包票：没问题。听起来大义凛然的，可做报表的同事，很可能因为一转身接个私人电话，耽搁了几分钟而让你不能及时拿到报表，这有没有问题？而你爽快地答应报给客户一个最低价，他们可能因为你的爽快而怀疑那是不是最低价，这有没有问题？

把“没问题”当成口头禅，根本原因是在于人们多认为自己能搞定一切，大小事情都有自己的“道儿”。然而，当此“道儿”不通时，问题就出现了。于是，又形成了新的轮回，有的人开始逃避问题。

问题再多，也多不过方法。正是因为有了问题，才刺激我们多想方法，而方法是出路，出路又是人生最大的活路。所以不怕有问题，就怕没问题。出现问题，意味着我们迎来了职场跳跃的新阶段、人生拓展的新局面。

问题不在，思路受阻，看准了你再动。别到了悔不当初之际，才懊恼为何自己的人生没主动性地创造出一些问题式的机遇。

只要有问题，就有存活的希望。职场在于拼搏，人生在于奋斗，问题若是都没了，拼搏什么，奋斗为何呢？若是没问题，真真就是没前途了。

> 问题是打开职场秘门的金钥匙。遇到问题，老板其实眼明手快，能准确洞悉到问题所在，可通常情况下，那些无关原则的问题都不会入他们的法眼。此时，就是他们为组织选择合适人才的时机了。

先解决最重要的问题

甲乙两人去森林旅行，遇到了一只凶猛的老虎朝他们咆哮，两人吓坏了。甲急中生智，赶紧从背包里拿出了一双更轻便的运动鞋换上。乙很奇怪，又急又气地怒喝道："喂！你在干吗？换什么鞋也跑不过老虎啊！"

甲淡定地说："我只要能跑过你就行了。"

我们身边有太多的"乙"，遇到问题两眼一抹黑，抓不住重点，结果只能"惨死"。"甲"就不同了，他知道问题所在，看到了问题的本质，从而可能获得重生的机会。

进入职场，最重要的问题是什么？不是实现人生目标、不是安身立命、不是拓展人脉，而是搞定你手上的工作。小问题解决了，就没有大问题了。重要的问题解决了，剩下的问题都将迎刃而解。

很多人不信这个，初到一个新环境，上来就是两件事儿：拍拍马屁、桌上义气。一边是忙于把自己打造成老板身边的红人，一边是拉关系、搞山头，看准哪派硬就归属哪派。某一天门派内讧，则赶紧掉转船头，另投他处。这样去玩职场、混人生，实在没有丝毫技术含量。

至于拍马屁的事儿，并不是一般人能为之的。从古代帝王到王侯重臣，纵然是可恨的宦官、奸诈的小人，能拍上他们马屁的都是什么人？且不管被拍者的档次、地位，人家能混到某个角色，自然是有一技之长了。而从他们的角度看，拍他们马屁的，他自然知晓，什么是恭维什么是真心，一眼便知。可为什么他们还让你拍？并不是他们多爱听，主要在于他们懂得洞察人心，知道你想从他们身上获得什么。反过来说，猴精般的他们，也一样希望用你去做些什么。当然，他们所得的要比你从他们身上所得的多得多，因为他们是猴精，你只是小虾米。

这么说来，别管人家表面上怎么被你“哄得”团团转，遇到正事儿他们可绝不含糊。重点来了，为什么他们的目的性那么明显，中不了“糖衣炮弹”？因为他们看透了人、玩透了事，知道什么是重要问题，什么是次要问题。关键点还在于他们善于解决重要问题。

遇到事情，解决办法何止几种，不同人有不同的应对方式。有些人能快速过滤事件，找到问题核心，解决致命病菌；有些人脑子虽慢，好在眼光毒辣，也能一击即中；而有些人慢条斯理，看似琢磨事儿，实则琢磨人儿，总是在处理事情上虎头蛇尾，难以命中目标。

大体上，职场中也可分为此三类人。最后一类人常为环境中的铺垫者，也是大多数，正因为他们很难找到问题核心，别说解决重要问题，次要问题也需要指点方能一步到位，如此，才会有第二类人的存在，他们在职场中多为中层，是起承上启下作用的。而第一类人，一般而言会坐镇指挥部，指挥手下将士或进或退、且战且止。

当然，此三类并非永久不变，都呈梯级进取。职场新人中，举凡一、二类者，经过一番磨砺，自然能步入顶级行列。而所谓的磨砺是什么？就是解决一个个重要问题的能力。显而易见的是，由于位置的不确定性，上级也不是永远的上级，下属也不是活该永远当下属。懂得解决那些最重要的问题，就等于掌握了一种快速“晋级”的方法。

今日职场，虽名为职场，可与此前大不相同。太多复杂因素介入其中，导致人们难以分清是现实还是幻觉。本来，职场强调的是埋头苦干、踏踏实实，只要有辛劳，就有收获；当然，现在也是如此，可却变了“味道”。隐藏在其中的细枝末节不容忽视，看似渺小，实则恰是问题所在，一旦疏忽，结果与设想便相去甚远。

所谓“在其位，谋其政”。环境更替，导致了难以适应环境的恐龙惨遭灭绝，昔日的它们很强大，主宰整个地球，可因为难以适应环境的变迁，终而难逃厄运。

我们中间，有不少“恐龙式”人才。今日的“恐龙”，虽然尚能适应气候骤变，但若没有长远眼光，不认真对待自身变则生、不变则死这一客观存在的重大问题，他日也一样步了上古时代恐龙的后尘。

二战名将艾森豪威尔将军，曾发明了一个“四象限”法则，即把所有事情划分在四个类别中：重要且紧急的事情，重要且不紧急的事情，不重要且紧急的事情，不重要且不紧急的事情。在这四类事情中——从我们这里说，便是四类问题——重要且紧急的事情应该被认为是首先应解决的，但事实上，那些重要且不紧急的事情，才是当务之急。为什么？因为正是事情的不紧急，给了我们拖延的借口和时间，于是，它们在相对短的时间内便会上升到重要且紧急的事情的行列。

或许你会发现，不管是重要且紧急的，还是重要且不紧急的，它们都是重要的。解决了重要属性的问题，则一切事情便会形成顺畅的发展脉络。

摆在我们每个人面前的问题，都有主次轻重，与切身利益相关的问题，或许很容易分辨其归类，因为一旦牵动利益，我们的神经最先报警。然而，我们必须将这种神经训练得足够敏锐才行，原因是：关于发展大计的问题，往往不那么轻易地表现出难易属性，也容易让人迷惑，这就要求我们擦亮双眼，看准问题，以便攻陷最强的堡垒，达成人生目标。

> 职场中可分为三类人。最后一类人常为环境中的铺垫者，也是大多数，正因为他们很难找到问题核心，别说解决重要问题，次要问题也需要指点方能一步到位，如此，才会有第二类人的存在，他们在职场中多为中层，是起承上启下作用的。而第一类人，一般而言会坐镇指挥部，指挥手下将士或进或退、且战且止。

方法很重要，落实更关键

有一群老鼠，它们终日被猫欺负，吃尽了苦头，过着暗无天日的生活。

一天，老鼠家族的首领把所有老鼠都召集到一起开会，决定商量出一个策略来对付猫，结束它们凄惨的生活。

在大会上，众老鼠们冥思苦想，它们也觉得应该彻底改变现状。有的老鼠说，它们应该想个办法，让猫养成吃鱼、吃鸡的习惯，那样老鼠以后就安生了；有的老鼠说，干脆自己动手，研发出一种猫药，就像人类研发出老鼠药一样……一时间，众说纷纭，莫衷一是。

这时，一只非常聪明的老鼠眼珠一转，想到了一个好点子。它说："我倒想出一个办法，不知道可行不可行？"

其他老鼠一听，忙问："是什么好办法，快说吧。"

这个老鼠坏笑地说："那就是在猫的脖子上挂上一个铃铛，只要猫一动，铃铛也就会随着响起来，这样我们听到响声，就马上躲起来了。”

众老鼠对这个办法佩服得五体投地，连呼高明。可是，由谁来挑起这个重担呢？要知道，猫可不是好惹的。一说到得有勇士去为猫挂铃铛，众鼠刚刚的兴奋劲全都没了，一个个都不停地往后退，没有谁敢去落实这个绝妙的点子。

老鼠家族的首领想了想，决定用高薪、奖励以及颁发证书的方式来吸引众鼠，可是纵然如此，还是没有愿意铤而走险的老鼠。无奈，最终这项伟大的计划搁置了，老鼠还得过着东躲西藏的日子。

点子多有用，不落实，点子也只是空想。就如赵括纸上谈兵，说起来天花乱坠，真刀真枪拼起来，只能丢盔弃甲。

很多人在经历了某件事情后，会发出“原来这样啊”的感慨。为什么？就因为想法和做法截然不同，想象中的现实总不是真实的现实。“事非经过不知难”，真正去做，才知道尚有许多难以考虑到的枝节横生其中，那是不可能全盘出现在想法中的。

对职场中人来说，有想法是好事，老板会赏识、同事会妒忌，这证明你有才华。开个大会，发个言，也倍儿有面子。可回过头来，老板问：“小张，你看计划怎么落实下去？你觉得谁合适？你个人能不能做？”一旦你的回答是有难度、不知道、我不行，那之前的忙活都是白搭，老板不再赏识，而且会不信任；同事不再嫉妒，而且会嘲笑。

空想谁都会，可信口雌黄不是本事。有想法，证明有思考，不过想法的出现要基于现实，落不到实处的想法，跟你想一个跟头翻到月球上没什么两样。你跟人说，不信？我翻给你试试。人家说，试试就试试，翻跟头的又不是我。这会儿你肯定傻眼了，恨不能找个地缝。

“职场吹嘘”也是种常态：“如果给我资源和人脉，这事儿就这么办……”旁人一听，觉得真有见地。这法子忽悠菜鸟可以，老板可是明眼人，他专门收拾那些方法比做法多的人。“好，给你资源和关系，你做做看。”一句话，就让你撞枪口上了。

你可能会说，难道出头鸟就一定被枪打？万一人家真是人精呢！这个几率太小，古往今来也不过一个毛遂。自荐可以，关键是你得能创造出价值。别资源耗了一箩筐，问题制造了一大堆，回头一句“老板，真对不起，没能完成任务，我该罚”，这话听着，就像古代大臣没办好事儿，习惯性地补上一句“臣罪该万死”，听上去太有串词儿的味道。要真让你死，第一次就挂了，轮不到万死。

所以说，方法不是万能的，落实才是可行的。有方法固然好，有针对问题的方法出现，总会叫人欣喜一番，比一筹莫展好。不过，你不需要有一千种解决问题的方法，只需要一次实在的解决就够了。别说了一大堆，最后问题还摆在那儿，这跟废话有什么区别呢？

职场是实打实的干，没有虚无诈伪、巧取豪夺，你行就行，不行就撤。撤不是逃避，是退居二线继续积累，积累到行为止。从这里说，便是注重落实方法，而非只是提出方法。

没有落实，再巧妙的方法也无甚意义。《你能赢》书中有这样一段话：当我成为一个大男孩时，我会做这做那，我会很快乐；而当他成为一个大男孩后，他又说，等我读完大学后，我会做这做那，我会很快乐；当他读完大学时，他又说，当我找到第一份工作时我要做这做那，并会得到快乐；当他找到第一份工作后，他又说，当我结婚时我会做这做那，然后就会得到快乐；当他结婚时，他又说，当孩子们从学校毕业时，我会做这做那，并得到快乐；当孩子们从学校毕业时，他又说，当我退休时，我会做这做那，并得到快乐。当他退休时，他看到了什么？他看到生活已经从他的眼前走过去了。

没有落实，只有对人生的向往，只有一大堆想法、方法，得到的仅能是悔恨的回忆。我们需要构思巧妙的方法，但更需要方法的落地。

> 职场是实打实的干，没有虚无诈伪、巧取豪夺，你行就行，不行就撤。撤不是逃避，是退居二线继续积累，积累到行为止。从这里说，便是注重落实方法，而非只是提出方法。

第五章 站在单位的肩膀上

入了什么样的单位，就会碰到什么样的老板；跟着什么样的老板，就能学到什么样的技能。

平台是成就的基础

孙明毕业于名牌大学新闻系，进入职场后便希望能谋求一份品牌管理、品牌策划方面的工作。可受制于经验的限制，他一直没有找到合适的工作。迫于就业压力，他投身于一家小型杂志社做文字类工作，终日与文字打交道。

时间一长，他觉得这份工作十分枯燥，两年后便辞职了。之后，他又去了家大型企业做文职工作，并承担起企业内刊板块。遗憾的是，他也没能在这个工作岗位上长久地干下去，因他觉得工作繁杂、事情琐碎、薪水太低，更重要的还在于偏离自己理想中事业的方向了，一年之后，他再度选择离开。

一位朋友跟他说："为什么你总这么频繁地换工作呢？"

孙明回答："我总觉得没有适合我的平台，或者，我可以去创业，创造一个新的平台？"

朋友说："你要记住，平台才能成就你，不是你成就平台。"

定好了位，路才能走对。没有人能帮助你在职场上呼风唤雨，凡事都得靠自己，只有自己选好了路，别人帮你才能变得水到渠成。不管你有多大能耐，得有施展的地儿不是？所以平台很关键。

古往今来，中西内外，随便翻出个叱咤风云的人物，无一不是凭靠一个平台起家的：刘备得有荆州、林肯要靠政府、唐骏依托微软，这些互不相干的人物都有相同之处，即依靠一个平台而有所建树。

职场中的平台亦如人生中的平台，随处可见、宽广无比，可我们中间的一些人有所成就，一些人默默无闻，从平台的角度看，差别就在于成者靠着平台跳上去了、败者顺着平台滑下去了。

平台对每个人都是公平的，你借助或不借助，它都在那里，不长不短、不厚不薄、不高不低，善假于物者，才能让平台呈现出长短、厚薄、高低，这是他们的能力使然。

细数一下你我身边，有多少人不善于借助平台、忽视平台，他们总抱有“此处不留爷，自有留爷处”的心思，所谓“东方不亮西方亮”，到哪儿都能混口饭吃。的确，到哪儿都能混饭，只是你的一生就是混饭吗？这么一说，这类人即会开始反驳，认为自己起先所在平台不合自己的性子，自己的才能没法在其上展示出来，或是诸多客观因素致使自己难以出头。总之，他们轻而易举就能列举出平台的“七宗罪”。

再顺延地去看他们的发展，大致的结果应该是：在一处平台失利，马上转投他处，在新环境中一旦不顺意，又会重蹈覆辙。他们的观点是：坚持坚持再坚持，直到碰到合适的平台为止。

然而，什么样的平台才算合适？这样的心态也自不会寻觅到真正合适的平台。在一处失利后，进入另一个新环境时，你是否把曾经作为基础，在旧平台上搭建适应新平台的塔楼，以便让自己的梦想有栖身之所？那些无法借助平台实现自身价值的人，对此问题向来是一头雾水的。

若从另立门户的角度看待这个问题，也是一样的解读方式。

创造一个新平台，这话听起来有种雄心万丈的感觉，可在现实面前，又有多少功败垂成者呢？换句话说，若在一个普通平台上都干不出成绩，妄想着创造一个平台的说法，真真等于是鬼话连篇了。因为漠视积累，所以就没有厚重的基础，所以就无法实现叠加，所以就只能一败涂地。

少数人能创造的神话，不适合普通人的人生轨迹，当然，普通人在普通平台上精耕细作而后被树碑立传者比比皆是，所以我们干吗非跟自己过不去呢。站在平台之上，你就是自己人生的主宰，你完全可以创造属于自己的神话传说，重点就在于你是否珍视平台。

小C中专毕业，学历不高，自学法律专业而拿到大专文凭后，还是难寻工作。气馁之际，一家公司录用了他，令其帮忙写代码。该公司接了外包项目，工作繁多。

让公司惊讶的是，小C仅用了两周时间便完成了交付的工作，而这相当于专业人才的工作进度。由此，该公司对小C刮目相看，觉得他是个勤勉而务实的员工。不久，该公司向另外一家需要人的公司推荐了小C，理由是：积极主动、刻苦耐劳、踏实肯干，若有专业人士教导，必定能完成更大、更复杂的项目。就这样，小C觅得了一份收入相当可观的理想工作。

显而易见，一样平台成就百样人。只有平台，才是成就的基础，才是促成成功的关键。不管“存在即是合理”这话对错，一个存在的平台，自有其价值所在，而它也具备了一切其他看似广阔的平台所具有的所有内在核心因素。

一个容易疏漏的内容是，平台也有好恶，并非所有平台都是成就的基础，有些可能是让人堕落的陷阱。关于好恶平台，其实并无明确的区分标准。能让人获得提升的，能加载人在职场上的核心驱动力的，能使人依托于此实现跳跃的，诸如此类的平台，都可划归到“好”的层面；相反，充满了欺骗、压榨、虚伪，没有可吸取养分的平台，自然是“恶”的特性了。

职场中的平台，构成了我们人生螺旋而上的台阶，每一阶都不可或缺。善于在职场上安身立命者，善于将所在平台的所有优势都深度挖掘者，也自会是人生的胜者。因为他能从表象看到本质，更会脚踏实地去践行每一个决定。

职场优势，多如繁星，而能在平台之上大展拳脚者，方才算得上真正的骄者。任何环境中的新人或老人，可以忘记背景、抛开学历、剔除关系，但总不能丢了平台，忘了基础。你总得明白，现在的你到底是什么塑造的吧。

平台也有好恶，并非所有平台都是成就的基础。关于好恶平台，其实并无明确的区分标准。能让人获得提升的，都可划归到“好”的层面；相反，没有可吸取养分的平台，自然是“恶”的平台了。

工作是用来爱的

一位员工在别处跳槽后进入一家新公司。入职不久，他觉得自己应该为将来的职场之路做个计划。按照他的设想，未来五年内，他应该成为公司的中层干部。带着这个想法，他找到老板，信誓旦旦地说："老板，我是新人，还没有转正，我想问一下，如果我努力工作一个月，是否可以转正?"

老板笑笑说："转正不是区分新老员工的界限，只要你喜欢自己的工作，那么你就一直处在转正期。"

对职场中的新人来说，他们的最低诉求大概就是谋得一份能养活自己的工作，这特别重要。只是，这种诉求在内心存在时间的长短，直接决定了新人的职场生涯发展状况。

这个道理很简单。只把工作作为谋生手段，它就仅能为你换来"饭"；而喜欢上工作，把它当成自己的事业，它便会为你带来"前途"。通常，我们听惯了"要喜欢上自己的工作"的说辞，而现实却难做到。要你一下子喜欢上一份自己并不乐意投入精力的工作，那真是一种折磨。这也就是大部分人有饭吃而没前途的致命原因。

职场新人存有这种想法者的比例不在少数，因为他们还有大把时间和机会，他们有浪费的资本。东家不做去西家，一个环境不如意就去另一个环境，这么干当然可以，谁也没法阻挡你跳来跳去。只是要记住一点，与其拼命去找自己喜欢的工作，还不如喜欢上你眼下从事的工作。它可能无法在短时间内刺激你愉悦的神经，但必定能在潜移默化中熏陶你内敛而沉稳的脾气，终有一天会让你知道它才最适合你。

而职场中的老人呢？他们当下的状态，就是他们当初选择的结果。若你在组织里是元老，职位不高，待遇照旧，由此便能判断你只是为了混饭；相反，几年、十几年或几十年的光景逝去后，你所期待的人生正金灿灿地向你跑来，那么恭喜你，你曾经奉劝自己喜欢上自己的工作并脚踏实地去干的心思，已敦促你由量变到了质变，很快就能随机应变、以不变应万变。

任何事的存在都是原因导致的。你排斥工作，它回报平庸；你爱上工作，它给予恩惠。

对于“工作的目的是什么”这个问题，早已有千篇一律的回答。事实上，你不需要去探究这个问题的答案，因为即便你对该问题抱有“迷信般”的信心，认为解决了这个问题人生就有了方向，它也不会为你下一步该怎么走划出路标。

打个比方，如果你的理念是工作只为了生活得更快乐，那么，你可能为了得到生活的快乐而怠慢工作，最后被单位开除，你吃了上顿没下顿，生活都成了问题，此时的你有什么快乐可言呢？

由此可知，我们的当务之急是尽快改变自己的内心，把自己所从事的工作当成自己的天职，不是为谁去工作，而是工作本应属我。在浮躁与物欲的世界里，你要是能摆出舍我其谁的架势，那你就赢了。这个时代，谁唯唯诺诺，谁就难成气候。

喜欢上自己的工作，这话说着容易，想做到挺难。大部分人并不认为自己正从事一项“利国利民”的伟大事业，所以从客观上讲，他们谈不上对自己的工作有多大兴趣。但这个想法又必须扭转，我们到底要怎么做?

美国著名心理学家马洛斯给我们指出了一条明路：

心若改变——你的态度跟着改变；

态度改变——你的习惯跟着改变；

习惯改变——你的性格跟着改变；

性格改变——你的人生跟着改变。

从内心去改变，真心地去改变，这很重要。

你要明白一点，我们中的大部分人是难以从事自己真正喜欢的工作的。就算是你的老板，也未必喜欢做某项工作而成为老板。不管是身边同事还是朋友，或许你都有与他们分享成长的经历，抑或他们与你分享他们过往的时候。此时你会发现，在你们的交谈中，可能有一个共性问题，即当初某个自己乐于从事的行业与自己擦肩而过，眼下的工作只是人生中的备胎。这样的经历除了分享出来，不能说说就算了，它应该成为开启你某个神经通路的钥匙。

当你觉得，难以从事喜欢的工作已成为大众效应时，你可能就会安心于眼下的工作了；当你务实当下，你可能就会在工作中投入更多的精力；当你用心工作，便很容易能出成绩：出了成绩，自会得到老板的赏识、同事的赞誉；获得褒奖，你也就更乐于在工作中做出成绩；慢慢地，你就会喜欢上自己的工作。事实上，从心理角度讲，你喜欢的可能是被褒奖的感觉。不过这不是重点，只要你能喜欢上你的工作，谁又在乎那是不是虚荣在作祟呢?

从这一串遐想的因果效应中，我们直观得到的结论即是：你首先要改变自己的内心，改变了内心，你的态度、习惯、性格和行为都将脱胎换骨。

职场中的所有动态，与一个人的生命轨迹丝丝相扣，它是你内心的真实反映。喜欢上自己的工作，当是一种难得的幸福感，你会觉得职场前途开始光亮，也会收获人生中意想不到的喜悦。适时地收拾心情，转变心境，摆正心态，快乐工作，享受工作，姑且不谈这会让你获得什么，起码对得起曾经或一直器重你的老板，不是吗？喜欢上自己的工作，也是把握平台、创造奇迹的开始。

> 只把工作作为谋生手段，它就仅能为你换来“饭”；而喜欢上工作，把它当成自己的事业，它便会为你带来“前途”。

离开单位你能做什么

动物园里，一只小骆驼问妈妈：“妈妈，我们的睫毛怎么这么长呢?”

妈妈回答：“当有风沙的时候，我们那长长的睫毛能让我们在风暴中轻松地辨别方向。”

小骆驼又问：“妈妈，我们的背怎么这么驼呢？真是太难看啦!”

妈妈回答：“孩子，那是驼峰，它可以储存大量的水和养分，这样一来，在沙漠里即便十几天无水无食，我们也可以耐得住呢。”

小骆驼又问：“妈妈，我们的脚掌怎么这么厚啊，走起路来很累呀!”

妈妈回答：“我们的身体本来就很重，如果脚掌不厚的话，怎么支撑我们的身体在沙漠中那软软的沙子里长途跋涉呢?”

小骆驼很高兴，觉得它们真是太有用、太厉害了。“可是，”它又问妈妈，“既然我们这么有用、这么厉害，为什么还在动物园，而不远足沙漠呢?”

当年赵括如果夸夸其谈下去，也的确挺唬人的，甚至都能在古代军校做校长了。可惜的是，一到战争平台上，他会的那些都不奏效了。赵括的例子说明了实践的重要性，也说明了平台才能检验学识。

职场上的夸夸其谈一样害处不浅。有些人觉得浑身是本事，能办天大的事。你交代一项任务给他，他跟你打包票，结果一动真格的，坏菜了。接着，他开始主观不努力、客观找原因。他可能还会告诉你，在这个单位，他的才能“水土不服”，但他真换个单位，也是一样力不从心的。有本事的人，到哪儿都能干出名堂，没本事的人，到哪儿都是前途无“亮”。

离开单位，说的容易，可也没见随口说了这话的人会随性去做。或许他们在心里也盘算过：离开单位我能做什么？除了换一家新单位，其余也没多大差别。换了汤，药却没换。

有些人的所作所为司空见惯，他们抱怨、愤恨、不解、冲动，整天嚷嚷着“什么破单位”“明天我就辞职”。不过，一听到裁员通知，他们比谁都紧张。这类人多存在于职场中的元老群体中，这些“职场油条”蒸不熟、煮不烂，有些才能、没有志向、浑水摸鱼、形同鸡肋，他们看不上单位，又不得不依附于单位；排斥单位，又使劲儿地黏住单位。别说他们没优点——起码他们知道自己离不开单位，懂得站在单位肩膀上才有“看头”的道理。

有比较就有选择。初入职场的人，很可能不“惯着”单位，不对脾气，撤了；老板批评，撤了；同事排挤，撤了；心情不爽，撤了。他们有一万个理由离开单位，但一离开，站在事业和人生的路口处，他们傻眼了——我还能做什么呢?

说最现实的吧，离开单位，没人供给银子了，吃饭成问题了。

这时咋办？慌不择路，干脆再找一家单位，起码先吃饭。就这样，荒废了时光，却还是走回老路。哪天再起躁心，一拍屁股走人了，便又是上演了老早以前“重蹈覆辙”的戏码。混来混去，在职场上始终只是个跑龙套的，唱不了大戏。

自古及今，有才干者多不胜数，可不见得每个有才干的人都名留青史。姑且不说这么高端，起码得善终者，或是吃饭不成问题的，也并非全部。我们不举例子，就说原因。原因在哪儿？在于他们离开了成就他们的单位、平台。平台是成就一切的基础，离开了平台，成就啥呢？

谈才能、谈智慧、谈头脑、谈学识、谈潜力、谈武功，今日社会中好汉何止千万，但不少都特怕“巷子深”，会被挡在巷子里出不来。当然，不是说会有谁去阻拦，而是其实最大的障碍是自己，他们因为自视甚高，所以看不上单位；因为恃才傲物，所以不惯着单位；因为刚愎自用，所以远离了单位，他们永远保持着“跳”的动作，跳来跳去，跳进了“动物园”，最终只能跟后生晚辈们夸夸其谈。

每个人都是一座宝藏，单位就是个带铲子的仓库，一边挖掘你，一边存储你，一边成就你。如此看来，你这座宝藏再价值连城、再庞大无比，若是没人挖掘你，也只能烂在那里了。

单位是展示的舞台，好的坏的，尽在其中。更关键的还不在于你可以展露才华，而在于与人交流。在此过程中，你就会逐步提升，在潜移默化中包装自己。另外一个重点是，接触层面的“高级”，让你有了进一步“深造”的机会。入了什么样的单位，就会碰到什么样的老板；跟着什么样的老板，就能学到什么样的技能。简单总结，大概就是不离开单位你能做的、学的。

站在单位的肩膀上，就等于有了职场靠山。在这座山上，能者上、庸者下的法则一样适用。你有才华，就应尽情施展，无所保留，一往无前。

而离开单位，一气之下的鲁莽带给你的绝对是深深的迷茫。甚至于，你会开始怀疑自己的能力、质疑曾经的目标，或者对自己的人生持否定态度。你会不自觉地与整个职场脱节，跟不上周围人的思维节奏，你开始落伍，开始僵化，没了自信、少了勇气。这些虽不是离开单位的直接结果，但却是一个负面结果出现后的连锁效应。

现在，不妨想想离开单位你能做什么——是你什么都能做？还是你什么也做不了？

> 单位是展示的舞台，好的坏的，尽在其中。更关键的还不在于你可以展露才华，逐步提升自己，而是可以接触“高级”层面，让你有了进一步“深造”的机会。

感恩让你看得更远的“巨人”

一位学生师从一位钢琴大师。

在最初的学习过程中，钢琴大师总是把学生没弹过且难度颇高的乐谱摆在他面前。学生很苦恼，但也没办法，这样的学习状态持续了三个月。学生每每都是狠下心来，奋战、奋战、再奋战。而钢琴大师每次都是淡淡地说：“不行，还是不行，还是要多练习。”

三个月后的一天，钢琴大师又给了学生一份新乐谱。一个礼拜后，再上课时学生等着钢琴大师检查。可是，钢琴大师给了他一份难度更高的乐谱，说：“试试看吧。”到了下次上课时，学生又接到了难度更高的乐谱，钢琴大师对之前的乐谱检查一事只字未提。

直到有一天，学生再也忍受不了了，他抱怨起钢琴大师来，并质疑他是否在认真地教授自己。听完学生的抱怨，钢琴大师没有说话，而是把第一次让学生练习的乐谱拿了出来，说：“弹奏一下吧。”

令人惊讶的事情发生了，就连学生自己都格外诧异：那份最初的乐谱在他手中驾轻就熟，弹奏起来好似行云流水一般，毫无难度可言。接着，钢琴大师又把第二份、第三份……直到所有的乐谱都弹奏完，学生愣住了，他难以解释这一切。

这时，钢琴大师缓缓地说："如果我任由你弹奏最初那份乐谱，可能你的弹奏水平永远会停留在初级阶段，自然不会有现在的程度了……"

刺激，是鼓舞人快速向前的巨大动能，它有时令人振奋，借着这股刺激，人可以自我激发潜能，完成不可思议之事。而大部分人对这种刺激并不欣赏，甚至厌恶，更别提感恩，因为人是种很懒的动物，生下来如此，只是后天磨砺使得一些人勤勉，他们克服了骨子里的惰性，变得越来越勤快，越来越趋向成功。懒不单指人的行为，更重要的是内心、是脾气、是性格。

我们都听过这样的口头禅："行了，差不多就好。""差不多"，就意味着不想更好，懒得去做更好。这种心理上的懒惰，会让人吃大亏。

工作中的"差不多"，等于是原地踏步。同事晋升，惹得你眼红，于是你开始暗下决心，一定超过他。只是，你这种"狠心"源自嫉妒，而非真实心境。三分钟之后，你依然故我，懒得去点灯熬油，吮吸促成成就的养分。

职场是个熔炉，进入其中者形态各异，但这不意味着经过熔炼后的你只有一种与大众相同的形状。位置的不同，决定了熔炼后的形状。老板、中层、骨干、白人，这种区分由什么决定？就由你对待磨砺的态度决定。

更关键的是，明晰职场熔炉特质后，你秉持的观念也在你的成长历程中起着推波助澜的效用。懂得感恩，你会走更远。感恩的巨大能量从心底改变着你对待周遭事物的色调，老板的斥责、客户的发难、同事的暗箭，这一切都如同暴雨般疯狂而至，令人猝不及防。此刻，你怎么想的？

“混蛋老板，不苛责小A竟找我麻烦！”

“可恶客户，不说单位制度不健全总说我做不到位！”

“卑鄙同事，暗箭伤人算什么英雄！”

事实上，这种心态很常见，也可以体谅。生气了干吗不发火？那样会把人憋死了！只是，发火可以，你得学会发火的方式，了解发火带来的结果。一旦你的震怒毁了职场生涯、让苦心孤诣建立的完满局面顷刻坍塌，致使一连串的人脉关系功亏一篑，那你这火发得就没有水平了。

“上帝之手”马拉多纳在一次比赛中，被对手连踢带拽、连拉带踹，可他还是成功将球打入对方球门。赛后，记者问他：“那么多人踢你、拽你、拉你、踹你，你为什么不生气？”马拉多纳说：“没有这么多人干扰我，哪有我做球星的价值？正是由于这些人用了这么多不规则的动作，才展现了我的高超的球技。”

记者又问：“那你为什么不报复对手呢？”马拉多纳说：“报复对手最好的方法是把球送到对方球门里去。”

好钢用在刀刃上，好火也要发在正地方。报复可以，但方式要对。

老板苛责，你就尽力做好工作，不给他机会；

客户发难，你可以圆滑处理，置之死地而后生；

同事暗算，你更应乐而受之。所谓“信者，吾信之；不信者，吾亦信之，德信”，报复他们的最好办法，就是让他们惭愧难当。

当然，这办法有难度，且难度很大。对职场中的我们来说，只要先做好了基础——懂得感恩，感恩那些伤害、挫折、愤懑，你的人生也等于前进了一大步。格局打开了，天下就敞亮了。

来自职场的“荆棘”锋利非常，常让人应接不暇，甚至遍体鳞伤。工作上疏忽导致计划上的混乱，以致措手不及，都会令你感到时运不济，或许你会认为自己命运不佳，一生坎坷不断。而往往，在这样的节点上若能调整心态，感恩这些来自客观世界的苦恼，你的职场路会越发变得顺畅，因为对待由不顺而生顺的心境，会让你在处理具体事情以及人际关系上游刃有余，你的人生也定会因此变得越发光彩夺目。

当然，职场上的阻碍不只来自工作，就如我们谈到的，人的因素致使的心理阻隔更令人难以接受。不过，你若能逾越这个沟壑，对此甘之如饴，充满感激之心，以此为成长跳板，你就步入了巧妙利用职场特质的高手之列。

对你来说，职场中的缺陷恰恰是助你看得更远的“巨人”，那可能是老板、客户、同事，甚至单位本身。你要明白，顺风锻炼不了肌肉，逆风才出强健体魄。

站在单位的肩膀上，你本身就有了高起点，感恩让你踩着的地儿是人之常情。不抱怨、不埋怨，只有恩没有怨。

职场如此，人生亦然。那些享受瑰丽人生之人，我们不能说他们没有过抱怨，只是他们更懂得感恩，感恩生活带给他们的一切，好的坏的，全部吸入胸腔。积极信念催生正能量心态，由此宣泄而出的也必然是汩汩清泉般透彻清凉的涓涓细流。其实，人生不需要汹涌澎湃，只需安稳如昨、淋漓畅快。

职场中的缺陷恰恰是助你看得更远的“巨人”，那可能是老板、客户、同事，甚至单位本身。

第六章

人脉是最好的生产力

人脉遵守着『互利互惠』原则，在这双向的人际交往中，利他才能利己。只去索求而没有付出的单向利己关系，并不能维持多久。

为什么你的“人气”不高

小孟大学毕业三年后，陆续做过网络编辑、市场营销等工作，同期毕业的大学生来说，他的人脉资源相对丰富，名片收了满满两大夹子。只是，这些人脉资源安安静静地躺在抽屉里，没被他用过。

一次，小孟遇到一位老同学，该同学经过几年打拼，已成为一家公司的主管。小孟与他交谈一番后，便开始讨教如何能在公司迅速安身立命。

同学说：“很简单，你要懂得使用你掌握的一切资源。认识的人不联系，等于没认识。”

小孟说：“我也想主动联系他们，可总觉得很唐突。如果打电话约出去吃饭，对方肯定会问‘是不是有什么事’。直到现在，我都在不断结交新朋友，可却没一个老朋友。”

他的同学想了想，告诉他：“拥有资源不是价值，使用资源才能创造价值。”

毛主席说：“精通的目的全在于应用。”这是就知识而言，放在人脉使用上也是如此。空谈认识多少人、掌握多少资源毫无意义，不用只等于零。

职场上若能有熟人相助，办起事来自然方便许多。对职场新人来说，人脉资源始终是其软肋。历经多年的寒暑苦读，虽然知识底子挺厚，但人脉资源匮乏，这是难以变更的事实。想要从无到有地累积人脉是无捷径可走的，只有步步积累。

对多数新人来说，起点相同，过程各异，结果迥然。贫乏时大伙一块贫乏，可到了上升的时候，若丧失机会，放弃积累，结果可想而知。这就是你“人气”不高的一个基本原因。

几年之后，自然分出了三档：第一档，小圈子，几只羊；第二档，大圈子，几只羊；第三档，大圈子，羊是又多又肥。此时还小圈子的，估计很难再去“圈地运动”了；大圈子，几只羊的，应该就是我们中间的绝大多数人；第三档，则是那些有志青年了。

这其中最值得说的自是第二档：圈子挺大，见多识广，四海兄弟，可一吆喝，和者甚寡。这类职场人，花费的精力、财力不少，可收效甚微。问题在哪儿？在于他们只是去开路，守不住阵地，或者根本没有守的想法，即忽略了使用。就像当年的“蒙古大汗”，南征北战到了欧洲，回头一统计，怎么才这么点地盘儿？

美国前总统小布什智囊团首席战略顾问鲍勃·比汀在其著作《人脉：关键性关系的力量》中写道：“其实你目前的人脉已经足够完成你目前的梦想。然而，大部分人缺少运用目前所拥有的人脉的理念以及能力”、“只有关键性的关系才能真正地给我们帮助”、“其实很多人已经拥有了人脉，但是却不会使用人脉。而解决的办法就是使用”。

不会使用、没想到使用、忽视使用，导致了你的“人气”不高。谈到使用人脉，就必须得说“投入和产出”的问题。提“产出”很对大部分人的口味，提“投入”可能就得到一脸鄙夷的表情了。试问，谁愿意十年磨一剑呢？那只存在于跟别人提起的某个案例和故事中，轮到自己身上，还是坐享其成、守株待兔的好。不要反驳，这是现实。

“天上不掉馅饼”这事儿你我心知肚明，因此你也不能妄想着三言两语就搞定一个客户、信口雌黄就摆平一个关系，这不现实。人脉遵守着“互利互惠”原则，在这双向的人际交往中，利他才能利己。只去索求而没有付出的单向利己关系，并不能维持多久，能够被人利用，那也是你的本事。“吃亏”的念头别有，它是打败一切信念不坚定者的强大力量，更会让你辛苦垒建的关系网支离破碎。

所谓“将欲取之，必先予之”，烂熟于胸的真道理不能只让我们当饭吃了，要重视消化、关注吸收。这是造成你“人气”高不高的决定性因素。

先给予，后索取，自己先要迈出关键的第一步，这是让你收获可用资源的绝对方针。先给对方需要的，对方做事顺了，其实就是你顺了。往往，你不必等着别人回报给你什么，很多时候，回报就在你给予的那刻落到了你身上。只是，我们中间太多人先想着回报，乏于给予，一说先把资源贡献出去，便畏首畏尾，心想：“这太不划算了，他都没跟我先表示表示。”这样的念头一出，你的职场宽度便瞬间没了。

看到问题本质是种能力，更是种修为。给予背后的索取往往比给予更有价值，付出的是一小步，得到的却是职场和人生的一大步。故此，懂得了这个道理，“人气”不高的决定性因素一解决，渴望的生产力就自然出现了。

天下大事，一“网”打尽。人际关系网的缔结不是眼前几年的工作，生命不息，结网不止，有些关系是要一辈子维系、呵护的。人脉的使用不是一两年、三五年的事儿，用多久就得维护多久，更重要的是，当下的人脉在阶段性成长和质量提升的状态下会越发厚重，直至呈现出“微妙”的水到渠成状态为止。这当属你灵活运用“人气”的直接因素。

此刻，你应该懂得怎样让自己“人气兴旺”了吧？最好的生产力——人脉，将为你的职场和人生带来妙不可言的神奇效应。能否让这种效应一直持续，关键取决于你的使用情况：短视的使用，让你有“人气”；长远的使用，才有“高人气”。

> 天下大事，一“网”打尽。人际关系网的缔结不是眼前几年的工作，生命不息，结网不止，有些关系是要一辈子维系、呵护的。

利用一切可用的资源

老鼠和黄狗打赌，看谁拥有更多、更好吃的食物。为了公平起见，它们找来了花猫当评判。

老鼠指着黄狗，拍着胸脯说："我号称'藏食高手'，无论春夏秋冬，我洞里都有吃不完的美食。而且我认识森林里的狐狸，它那儿的东西随我吃，难以计数。"为了让黄狗和花猫心服口服，老鼠带着它们先去了自己的洞穴。

老鼠的洞穴果然堆满了食物，五谷杂粮样样都有。接着，它们又去了狐狸那里。狐狸拍着老鼠的肩膀，告诉黄狗和花猫，老鼠是它的好朋友，它的食物随老鼠吃。

面子有了，老鼠很得意，它觉得自己肯定赢了。花猫也看好老鼠，因为它知道老鼠每天都忙个不停。

黄狗笑着说："你那点食物不值一提，跟我的比起来简直是小巫见大巫。"

老鼠不信。黄狗说："两天之后，你们到我家里去。"

两天后，老鼠和花猫一到黄狗的家，顿时傻眼了：十几张桌子上尽是美食。虽然是人类吃剩下的，可足够黄狗吃上好一阵子了。老鼠服气了，觉得黄狗的食物是整个森林里动物中最多的。

黄狗说："事实上，今天我的主人过大寿，我利用这个机会打败了你。"

黄狗聪明吗？绝对聪明，但聪明跟人脉没法比。黄狗再聪明，它若不懂得利用身边的资源，在与老鼠的对决中一定吃亏，毕竟人家是靠着辛勤汗水吃饭的。

职场中的资源十分丰富，谁善于利用这些资源，谁就能翻身作主，起码"有肉吃"。若具体来说，这些资源都是什么？很简单，就是"人"的资源，常规划分，即是三类：老板、同事、客户。

先说老板。

谈到利用老板，这看起来像是个"伪命题"，谁能利用老板呢？你若真这么想，这辈子就别想在职场上有所建树了。

单位、团队、组织属性的差异，造就了种类不同的老板，老板是一个团队中最大的资源库，他那里有取之不尽、用之不竭的资源，一旦打通管道，形成资源共享，你的前途必然一片光明。但问题的关键也随之而来，如何利用老板，以分享他的资源呢？

总的来说，老板的能力比员工要高，但不是每个方面都如此。你能做到的，老板未必做不到；可老板能做到的，你肯定做不到，否则你也是老板了。这就说明，老板身上有些闪光点并不"闪光"，平日里你根本看不到。他身上隐藏的东西才是最有价值的。对于整个团队来说，那种不可见的价值维系着所有环节的运作。

要挖掘和触碰老板身上这种价值，绝不是一两次接触便能得逞的。你需要稳步提升自我，快速完成老板交代的任务，并锻炼举一反三的能力，逐步让老板对你刮目相看。时间长了，他自然遇到难题就最先想到你。这时，你不知不觉就开始与他最有价值的部分相交了。

原因很简单，你做了老板心里想做的事情，而他身上那所谓最有价值的部分，即是他成为老板的核心价值：他能看到事物最本初的模样，即他总是很清楚什么是自己最想做的事情，以及如何将事情办成。这一点，事实上看上去也是最简单却又是大部分人做不到的。“巧合”的是，你居然做到了，就这样，你踩到了正点上。

这个过程很艰难，甚至有点漫长，等不及的不必如此，可以依旧朝九晚五，在平庸里变得更平庸。严格点说，在所有资源中，此为上品，功效是：增长见闻、提升格局、改变心态、扭转局势。

需要注意的是，老板类型各异，严肃的、和气的、冷酷的、亲民的，不同类型，“利用”的方法也要准确。不亲近、不疏远，是与老板保持最佳关系的金科玉律。

再说同事。

这个看似普遍又简单的人脉链条，事实上最难打理明白。因为在与老板打交道的时候，再挑剌的你也会给老板面子，但同事就不同了，你觉得他与自己平级，没必要跟他“低三下四”。于是，我们中间的大部分人身在一个环境中，有可能考虑到“抬头不见低头见”的问题而能忍则忍，可一旦离开此环境，便与曾经的同事老死不相往来，唯恐避之不及。显然，这摆在那儿的肥厚资源就被你白白浪费了。

每个同事都是一个机会，哪怕他在你眼中的确一无是处。但乔吉拉德告诉我们，你看一个人是傻子，就等于把他背后那250个人都当成了傻子——这是著名的250定律。

反过来说，每个你接触的同事如果都有效利用，那么他们背后的250人就等于是你的潜在人脉资源了。总之，资源无穷无尽，就看你怎么利用和开发。

令人痛心的是，我们中间大部分人太过于注重个人喜好，扒拉着人群去接触。显然，潜在的力量型人脉关系就这样被挡在了成功的大门外。

我们不提倡忍气吞声式地与人交往，但更拒绝相处时热火朝天，分离时完全陌生。其实，从原单位离开，不代表关系链的终结。时常打打电话，见见面，轻松而自然地就把关系拉近了。这种可用性资源，是值得一生维护的。这类资源，当属中品，可却是重品，效用在于平民化、亲情化、热忱化、恒久化。

而客户呢?

这算是长线资源。不亲不疏、不重不轻，跟客户打交道，近了，遭人烦；远了，关系淡。看清自己的角色，才能采取恰当的联系方式。

有些人抵制这类关系的延伸，客户一打电话，心里就开始打鼓：是不是有事相求？这个自然，他没事打电话给你干吗？拜年啊！而你呢，不也一样有事才找人家？与客户这一资源的关系就是相互利用，互利互惠。他想从你身上得到实惠，你不也一样吗？若懒得缔结关系网，日后就别想从这条道儿上跟机会碰头。很多时候，外界的资源高于你从老板和同事那儿得到的。

所谓可用的资源，其实因人而异。在职场中，可用资源或许不局限于这三大类，善于发现、懂得挖掘、认真对待、心思细腻，你总能寻找到适合自己成长的土壤，而后与其他“树木”一起参天。

老板是一个团队中最大的资源库，他那里有取之不尽、用之不竭的资源，一旦打通管道，形成资源共享，你的前途必然一片光明。

人脉是你的资本

有一种能产生粘鸟胶的树，当这种树刚发芽时，燕子便预感到鸟类将大难临头。于是，它召集所有鸟类，劝说它们一定要把这种树弄死。如果做不到，就马上飞到人类那里去，向他们求助，请求他们不要用粘鸟胶来捕捉鸟类。

听燕子这么说，所有鸟都认为燕子在危言耸听，认为它是说傻话。燕子无奈，便独自飞到人类那里，请求保护。人类认为它聪明、机智、善良，便答应了它的请求，甚至允许它和人类住在一起。

最终，等能够产生粘鸟胶的树长大了，其他鸟类常常被人捕捉，成为人们的美食。唯独燕子幸免于难，在人们家里平平安安地筑窝，无忧无虑地生活。

我们每个人都想做聪明睿智的燕子，因为未雨绸缪的人总能免于危难。就像你每个月都会向固定的“银行小金库”存入一定数额的钞票，就是为了以备不时之需。存入的金钱是种物质资本，同样道理，若是在人际交往中重视积累，那你就等于在时刻积攒人脉资本了。

目前，人脉还不能在短期带给你大饼。可是，留心观察，当你在人生的旅途中感到势单力薄、当你期望获得意外的支持、当你意识到自己并不能够解决一切的问题……此刻，积攒的人脉自能使问题迎刃而解。

权威数据显示，一个人所从事的满意工作，95%是因熟人介绍或朋友推举获得的。反过来解读这个数据即是：如果你熟人甚寡、朋友稀缺，那么在95%的情况下，你都难以找到一份真正称心如意的工作。于是，简单的道理浮出水面：人脉、人脉，还是人脉。

成功学大师卡耐基有一个著名的等式：成功=15%专业知识+85%人际关系

每个成功者都不是三头六臂，同样需要别人的帮助。无论他们个人能力多么全面，从来都不曾只靠自己就解决所有问题。

一般而言，一个人的人脉圈子可以分为三层：

最近的圈子是亲情圈子，这是你一出生就拥有的，几乎固定不变；

中间的圈子是我们经常接触的邻居、同学、同事等，关系相对稳定；

最外围的圈子是广泛的社会交际，其中很多人只会与你打个照面，因此能否将此动态圈子逐步扩大，完全取决于你。

对我们大多数人来说，中间的圈子似乎更为重要。职场中人，需要不断扩充此圈，以求得整体实力的逐步增强。更关键的，还在于我们能否将此圈与最外围的圈子连接起来。我们清楚，亲情圈基本固定不变，所以只能把更多精力投射到可变的圈子上。遗憾的是，可变的圈子对很多职场人士来说，似乎总在萎缩。

我们为什么难以扩大人脉圈？我不罗列原因，只说现象。

我们从头看。进入职场，彼此陌生，是为同事；天长日久，情投意合，是为朋友；无话不谈，心交一处，是为至交。这算是“平面交往”：从陌生到同事，再到朋友。可是，你是怎么对待初入职场中的那些陌生人的？

长相不好，不交；脾气不好，不交；没有背景，不交；利用不到，不交。“乞讨”还“挑食”，怎么拓展人脉？

再细细想想。成为同事的人中，有些是朋友，有些还是同事，为什么？

先说同事。我们不提倡挑肥拣瘦，但更不提倡“饥不择食”，只是，你是否有理智一些的选择标准？双眼向前看，有钱不怕赚，三十年河东、三十年河西，今天你判断一个人以后会飞黄腾达，明天他就可能办出愚蠢的事儿。无论何时，只有盖棺定论式地扩张人脉，人际关系才能像山脉。

递进一层，就轮到朋友了。好不容易变成朋友的，必须守住；已经成为朋友的，必须维护。关系不走不近，朋友不混不熟。夸张点说，今天是你朋友，明天不跟人共同进步，再碰到难免生疏，这好好的一个关系节点不就白白浪费了吗？

人脉是资本，啥时都得“稳”。有人就不愁没发展、不晋升、难赚钱，当然，靠着关系上位不光彩，可你靠着关系赢得机会却很正常。有机会，就有前途了。这是个清晰又简单的链条。

再看看“纵深交往”。上为老板，下为下属。

你是普通员工，就得在“纵”上使劲儿。这里绝无曲意逢迎的意思，只是告诉你跟着老板学，学办事、学处事。你善学，老板就乐意教，一来二去，就熟络了。你别指望熟悉就提升你，就如刚刚说的，有了“纵”的关系，你就有机会了不是？

如果你是中层，自然上下都得使劲儿。上面的人脉圈要细心维护，下面的基础群众圈则需上心打磨。塔上人只有一个或几个，塔下人可是一大帮。这个人脉圈子维护好了，日后就方便你“起义”了。

老百姓常说：“有熟人好办事儿。”这说的就是人脉的重要性。事实上，在职场上拓展人脉圈，很多时候倒不见得是让你好办事儿，而是让你省事儿。省事儿是人脉资本带给你的最大价值，它远比直接让你获得财富更可贵。

纵览世界五百强中的大企业，如通用、西门子等，它们都特别重视内部推荐。这个时候，你与同事、上级相处融洽，那么你就轻而易举地获得了被举荐的机会，反之，你只能成为那些眼中充满羡慕之人。

人脉的可贵，早已是你我亲身体验过的了。由人脉多寡而衍生的均衡、平等、利益分摊等诸多现实，亦可见一斑。如此，我们不妨再回过头理顺一下自己的关系网，看看能产生“粘鸟胶”的树在长成之时，我们是一命呜呼，还是长命百岁。

> 一般而言，一个人的人脉圈子可以分为三层：最近的圈子是亲情圈子；中间的圈子是我们经常接触的邻居、同学、同事等；最外围的圈子是广泛的社会交际。

思维能转几圈，人脉就能多几圈

两位武士走进一片大森林，他们在一棵树下看到了两面盾牌。走近一看，发现一面是金盾牌，一面是银盾牌。对于武士来说，金盾牌才是力量的象征，所以两人都想要金盾牌，于是起了争执。

话不投机，两人便拔出宝剑决定一决胜负。他们厮杀了几天都难分胜负，最后筋疲力尽的两人倚靠在树上。此时，他们不约而同地发现，原来金盾牌的另一面是银盾牌，而银盾牌的另一面是金盾牌——它们是双面盾牌。

我们早就从课本上学过“事物具有两面性”，这一特性也决定了我们绝不能单面看待事物、断定事物。世界是矛盾、对立又统一的，因此，我们看待人或事物时都得从辩证的角度看。可是，我们中间大部分人却又像这两位武士那样，为一个看起来一正一反，可实质上潜在的双赢结果争得头破血流。借此阐发出的一个辩证观点即是：那些看似无用的，当真是无用的吗？

看人也一如看事物，需要辩证，需要正反。优点在此时看是正解，在彼时看则成了误解。在拓展人脉上，我们更应该多看优点，忽视缺点。不是有这样一句话吗：用人所长，必容人所短，别人身上的不足，恰恰是你存在的价值。

谈到拓展人脉，或许谁都有自己的招数。甭管灵与不灵，反正信手拈来就是一大把。在这一问题上，不管是初涉职场的菜鸟，还是久经职场的练家，几难达成共识。受制于环境、背景、学识、秉性的不同，每个人的人脉资源属性亦不尽相同，又何谈有统一的标准和步伐呢？只是，在所有不同中，又有着相同。

不管谁的人脉，都是从与陌生人打交道开始的，这也是一切人脉的发端。与陌生人交往，你最易发觉他身上突出的特质，比如他是个开朗的人、内向的人、懒惰的人、勤劳的人……此时你无需带有感情色彩与之交往，因为“辩证法”告诉我们，你看到的只是冰山一角。

拓展人脉，打通网络是关键，你只需记下这资源，留日后之用，而随着局面的打开，交往的深入，你很可能会慢慢推翻初次相见形成的心理定位。如此，陌生端口一开，人脉关系自然来了。

以此衍生出的最大学问，莫过于身在高处体味低处、看着暗处想着亮处。熟识的同事、朋友，做的事儿也未必都遂你心愿，这让很多人误以为感情浅了、关系远了，于是人脉就断了。想想看，你又不是古代皇帝，根本没有“君让臣死，臣不得不死”的权力，何故到今时今日的现代社会还玩一家独大的把戏？

你不用惯着谁，但谁也不会惯着你，你仁我义才能结邻里，看到别人的好，才能记得别人的好，结果大家才都好。这一“学问”适用于同级，也适用于上级。

对于不同事情，每个人根据阅历、环境、事件利害关系以及个人思维的差异而有不同的应对方式。于是，你会惊讶于同事竟会这样或那样处理一件事，更会奇怪老板为什么喜欢 A 而不欣赏 B。这些问题与个人关联不甚大，你只需关注与自己休戚相关的事情即可。比如，对于同一事件存在分歧时。

很多时候，分歧的出现意味着你人脉广度的拓展极限。也就是说，你若是个小肚鸡肠之人，与人意见相左时，大多会让自私的根性表现出来。此时，别人才察觉到，原来平日里你的表现都是伪装，真实的你是个见利忘义之人。显然，这会让你瞬间失去一枝人脉链条。

相反，你若为人豁达，不拘小节的个性会告诉你不要跟人起冲突，那都不是事儿。如此一来，你自会博得他人的口碑。只是，我们在此探究的是反向性格如何拓展人脉，具体地说，你若是小肚鸡肠，可又想拓展人脉，到底要怎么做?

其实，我们大部分人都有点小肚鸡肠，自己的利益被触动时，多少有些心里排斥。因此人群中 80% 以上的人都渴望迅速获得拓展人脉的方法，以便跟成功靠得更近。不过，仅从书本或他人那里分享拓展人脉的学问，显然不够详尽具体，所得之法也囿于诸多因素的差异而难以施展之。

很负责任地说，拓展人脉的学问我们人人都清楚，那也正是“金银盾牌”的启示：一旦我们从根本上、心理上真正学会了扭转思维，善于从另一面看待事情、对待他人、审视正误，便是觅得了看似神秘实则简单的人脉奥义。

懂得与陌生人交往、善于倾听、学会微笑、乐于助人、注重维护、与人分享……这林林总总的处世之道，自然会让你在拓展人脉上如虎添翼，可你若不善于看到事物及人的另一面，与陌生人交往时，你的功利心会很重、倾听时可能是为了找到倾诉者的漏洞、笑容里也藏着尖刀、助人时想着的是他人的回报……不自然的接触，换来的也自是不自然的人脉圈子。

人的优点、缺点往往是并驾齐驱的，趋向优点，就远离了缺点；盯住缺点，则丢了优点。你需要的是正向能量，所以混职场和走人生一样，一理通百理明：要的就是长久不衰的人脉。

> 你若是个小肚鸡肠之人，与人意见相左时，大多会让自私的根性表现出来，这会让你瞬间失去一枝人脉链条。相反，你若为人豁达，不拘小节的个性会告诉你不要跟人起冲突，你自会博得他人的口碑。

第七章 赢在沟通，合作制胜

沟通并非目的，达到效果才最重要。无论是埋头苦干中夹着沟通，还是沟通中注重实干，只要实现目标，利己利人，你就是『智者』。

学会自我沟通，才能更好地与他人沟通

有两个年轻人，工作上不怎么顺心，所以一同去拜见了一位师父。

他们说：“师父，我们在办公室里总被欺负，真是苦不堪言，希望师父能为我们指点迷津，告诉我们是否应该把工作辞掉。”

师父闭目养神，半晌未语。最后他只说了五个字：“不过一碗饭。”之后便向两人挥手，示意他们回去。

两人对师父的话自有不同的理解，回到公司后，其中一个当即辞职，回家种田，而另一个则按兵不动。

十年后，两人大变模样：回家种田的，以先进的经营方法使得自己成为了一名农业专家；仍留在公司的那人，历经十年的隐忍生活，终于得到器重，升任为经理。

一天，两人相遇，他们发现如今的彼此居然如此不同。

农业专家说：“师父当年那句话，我一听就领悟了，不就是一碗饭吗，何苦要憋在公司里呢？所以我辞职了。”

那位公司经理说：“师父说的‘不过一碗饭’这句话的意思，我的理解是多受气、受累，只是混碗饭吃，老板爱说什么就让他去说，少赌气、计较，不就成了吗？”

为了找到那句话的真正含义，两人决定再次拜访师父。此时的师父已经老了，他听完二人的诉说，又说了五个字：“不过一念间。”

跟别人说话简单，跟自己沟通难。难在哪儿？难在“自我”太难说服，看着实打实的利益，都得思量再三，不敢贸然行动。一个人若能成功地与自我沟通，就能更好地与他人沟通，以此亦能与世界平顺地对话。

职场上的新老朋友们，大多在自我沟通上存在缺陷。打个比方，老板不经意地冒出一句话，有些人不以为然，有些人琢磨半天，临了才恍然大悟：唔！原来老板这话没有什么玄机！显然，这部分人在自我沟通上存在障碍：他们不愿意相信“1”就是“1”，总觉得干巴巴的一根棍子会“节外生枝”。

自我沟通，对很多人来说是个类似于“X”的东西，无解或者多解，谁也没法给它下一个精准的定义。诚然如此。不过，有一个引申义值得肯定：自我沟通，即是转变心态。

不管一件事有几种处理方式，以正向、积极心态去对待，结果基本上会趋于正向。之所以用限定词“基本上”，是因为受制于个性等变量因素的影响——谁能保证心态正向，结果就一定正向？值得一提的是，我们中的大部分人，都渴望正向、积极，以此为基，与他人无障碍沟通。

在职场中，无论新人老人，尤其是新人，用心训练一下自我沟通的本事，让心态趋向平和、正面，是肯定不会吃亏的。

茫茫大海，小浪花不停地抱怨：“哎，我的命真苦，别的浪那么大，而我却如此渺小；有些浪的境遇多好啊，再看看我，哎……”

大浪看到了，对小浪花说：“不要灰心丧气，你抱怨，是因为你还没看清你本来的面目，这是你痛苦的根源。”

“本来的面目？”小浪花不解地问，“我不就是浪花？而且还是很小的浪花。”

大浪摇摇头，笑着说：“当你意识到你的本来面目就是‘水’的时候，你就不会为外表所迷惑了，也就不会再痛苦了。”

小浪花若有所思，突然，它的音调高了：“啊！我明白了！我就是你，你也是我，你我相加才是一个大我。”

善于自我沟通，职场路、人生路，都将越来越顺。一个人心态的转变，就是人生光鲜的开始。

落到职场上说，既然自我沟通是心态的扭转，那么对职场新人而言，到底在面对什么事情时才需要扭转呢？

事实上，这也是无解的问题。但只要你多听坏话，忽视好话；多学本事，少说废话；多去干活，不需说话，将这三点铭刻于心，即可以实现高端的自我沟通。对大部分人来说这有难度，而这也就是大伙一起熬了十几年，他上去你没上去的一个原因。

会自我沟通的都将这么去理解：听坏话，心思沉稳，不听好话，头脑清晰；学本事，提升能力，少说废话，不出乱子；多干活，易受器重，不需说话，不得罪人。在心里这么跟自己沟通一下，想想看会咋样？不用说，一切都会在不知不觉间奔着你指出的一条路发展下去。

这种沟通法易学不易理解，易练不易掌握。对新人是道坎儿，但只要扛过去，眼前就是一片光明。届时，你学会的不仅仅是种技巧、方法，而是心态的彻底转变。当你对待任何人、任何事都从正面去考虑时，人和事反馈给你的信息也是正面的。

那么职场老人呢？

这个有一定难度。混迹职场多年的老人不信“邪”，也自然不信“正”。他们自认为熟透了职场，其中表现出的陷阱或隐藏的玄机都尽收眼底，所以并不存在第三种“解读”。再明白点说，他们以自己的方式摸爬滚打了许多年，也未见得遍体鳞伤，凭什么相信“自我沟通”——转变心态这样的鬼话？

如果你恰好是个职场老人，又恰好如上描述的那样，那么我既要恭喜你，又得可怜你了。恭喜的是，我行我素这么久，你还能青山依旧；可怜的是，这么多年了，你还是原来的样子。

想想看，你的身边一定走过不少新人、老人，新人用“新”方式崭露头角，登高而呼；一些老人勤勉踏实，终于一骑绝尘，那么你呢？作为掉队大军中的一员，拒绝与自己沟通，就是拒绝与他人沟通，更是拒绝与成功沟通。如此浑噩下去，人生有何意义？

很多时候，我们不需要学习某种所谓的“成功方法”，抑或无需信赖某种法则。方法、法则，一切因人而来，我们自己才能主宰自己。如此，打磨自己的心态，强化内心，做个与灵魂顺畅沟通的人，我们的职场和人生自然会呈现出一片祥和之态。

> 只要你多听坏话，忽视好话；多学本事，少说废话；多去干活，不需说话，将这三点铭刻于心，即可以实现高端的自我沟通。

埋头苦干非“智者”

一艘巨轮遇到暴风雨，触礁将沉。

船长果断应对，马上让大副告知船上乘客穿上救生衣跳船逃生。可是，几分钟后，大副苦着脸回来了，说乘客没一个想跳的。船长忖度片刻，亲自出马。几分钟后，船上所有乘客均已成功逃生。

大副十分诧异，询问船长如何做到的。船长说：“很简单，我跟英国人说，跳船这项运动很绅士；我跟法国人说，跳船的动作特别潇洒、优美；我跟德国人说，这是命令；我跟俄罗斯人说，跳船是革命活动。结果，他们一一跳下去了。”

“那么，”大副还有疑惑，“那个固执的美国人呢？”

船长轻松地说：“我告诉他，我们早就给他买了保险。”

巧妙沟通，结果自然能达到预期。一个善于与他人沟通的人，总能完美地构建和谐的人际关系，最终达到目的。交流有方法，沟通有技巧，这是不折不扣的学习型知识。

毕竟一句话从不同人嘴里说出来都有不同的味道。

在我们身边，不少人一谈到交流、沟通，想到的词儿多是：巧舌如簧、巧言令色。为什么如此？这就怪那些善谈之人总把一些负面情绪传递出去，于是，很多人拒绝凭借与他人沟通收获某种效果，认为那不实在、太虚妄，而更愿意埋头苦干、一步一个脚印儿地去实现愿望。这是无可厚非的，也是常人心态。只是，埋头苦干如果真就解决一切事儿了，人与人还苦心交流作甚？

职场中那些单单会勤勉之人，在老板眼中绝对是优秀的员工，但这种优秀多含“鼓励”和“继续保持”的味道；在同事眼里，这样的人也多被认为中规中矩，稍稍有些固执，他们不听人劝，坚持己见，只要他们认为正确的，九头牛也拉不回来。他们的想法是：踏踏实实、亦步亦趋、不出岔子、平稳一生。谁都不能说这样的人错在哪儿，可总感到他们有点不对劲。

与人沟通，是情绪的转移、信念的传递、方法的交流、技巧的置换、信息的互补，这是埋头苦干得不到的，就如物物交换出现之前，你种了黄瓜就只能吃黄瓜，吃不到别人的桃子。真正有头脑之人，总会挖掘一切资源、依靠一切力量、吸纳一切智慧，以来完成心中的计划。对他们来说，成功都是别人促成的，而非仅靠自己的努力。

因此，你在职场中若是个“干枯”的角色，得不到他人的雨润，就很难开出鲜艳的花，最多也只是株耐旱的仙人掌，别人碰不得，也甭想去碰别人。相反，你的这种“干枯”若寻求改变，主动拔了刺、靠近水，虽不至于改变你的性征，可也会把你浇灌得嫩绿、清脆。

职场如一潭水，有深有浅，懂得与人沟通者，携着一帮兄弟，相互搀扶；单打独斗、埋头苦干者，深一脚浅一脚，摸着石头过河，一个不小心便沉了下去。

美国著名未来学家奈斯比特曾指出："未来竞争是管理的竞争，竞争的焦点在于每个社会组织内部成员之间及其外部组织的有效沟通上。"显而易见，不管是内部沟通还是外部沟通，为的都是每项计划的有效落实，以达成预想效果。

沟通是一种本领，在对的环境中，利用对的情绪，选择对的语言，实现的沟通自然是几近完美的。

里根总统在任期间，决定继续生产 B1 轰炸机，这一提议受到了很多人的反对。里根总统不希望自己的计划受到阻碍，当时的他作为总统，是可以采取强制性推广计划的，只是这会引起公众的反感，降低自己的信誉度，自然有损总统职能的履行。显然，此时的里根总统有点处于左右为难的境地。

一次记者招待会上，里根总统不可避免地遭到了关于生产 B1 轰炸机的责问。里根总统灵机一动，说："我怎么不知道 B1 是一种飞机呢？我只知道 B1 是人体不可缺少的维生素，我想我们的武装部也一定需要这种不可缺少的东西。"里根总统是有一意孤行的资本和权力的，他的预想目标也肯定能实现。但是，蛮干的背后需要付出的代价或许远比结果本身更重要。相反，只是在情绪、语言上稍作变化，让整个事件在语境的渲染下失去原本严肃的色彩，结果就大不一样了。这是我们所追求的一种沟通层级。

你会沟通吗？你善于与他人沟通吗？没人敢大言不惭且底气十足地说"Yes"，即便那些演讲、说服高手。因时、因景、因情、因人，考虑全面，沟通才有效。

面对上级，你怎么沟通？面对同事，你怎么沟通？外界组织，你怎么沟通？不同对象决定了沟通的差异性，幽默的言辞谁都喜欢，但不见得适用于所有场合。

老板面前，你要踏实、忠诚，此为行动式沟通。所谓行动式沟通，即用行动表达心意。老板大多是聪明人，眼尖心更尖，很容易分清哪些是糖衣、哪些是炮弹，你能说会道是取巧，可也讨厌。莫不如顾全大局，少说多干。

同事交往，你要务实、真诚，此为情感式沟通。情感式沟通，顾名思义，重在感情交流、心灵交往。同事间不虚伪，有一说一，凡事能办则办，不排挤、不揽功，加之平日里酒、茶切磋，既增进感情，又累积下人脉，一举数得。

外界组织，你要诚实、热忱，此为维护式沟通。维护式沟通，感情呈递进趋势，可远可近。尺度的把握全仰赖你的诚信和热忱度，但不管怎么说，能缔结这种关系，便是在沟通上有所成果的表现。

事实上，沟通也并非目的，达到效果才最重要。退一步讲，无论是埋头苦干中夹着沟通，还是沟通中注重实干，只要实现目标，利己利人，你就是“智者”。

> 真正有头脑之人，总会挖掘一切资源、依靠一切力量、吸纳一切智慧，以完成心中的计划。对他们老说，成功都是别人促成的，而非仅靠自己的努力。

众人成就个人

戴维就职于一家营销公司，是一名普通的营销员。他所在部门很注重团队合作，并因此获得过公司内部最高的奖励，团队中每个人的业务成绩也由于十分突出而得到了应有的回报。只是，这种团队协作氛围被戴维打破了。

一次，戴维所在部门接到了上级下达的一项重要工作。部门主管在一番思虑之后，没拿出妥善的工作方法，挠头不已。而戴维却觉得这项工作并没有那么难，于是几经考量，他在脑海中形成了一个比较可行的方法。为了表现自己，他没有与主管商量便“越权上报”，直接跟总经理汇报了自己的方案，并打包票说自己肯定完成任务。

总经理批准了戴维的方案，可问题也随之出现：戴维越权之举伤害了部门经理的感情，团队精神也因此被破坏。于是，当部门经理与戴维共同去做那项工作时，在很多问题上都无法达成一致。结果，因意见分歧而导致了项目的失败。

这个世界从不是一个人创造的，众人是成就个人的基础。

由沟通而来的协作精神，一向为优秀团队、组织所秉承。这种团队中的每个人都并非可独当一面之人，身上利弊尽显，但他们懂得糅合，了解踩着众人肩膀才能露头的道理。

如此浅显又长存于世的道理，曾让多少人迷失方向。项羽力能扛鼎，却也攻不破乌江之困，因为他刚愎自用，只凸显一人之功；刘邦四海窜逃，结果却巧取天下，因为他知人善任，尽显群英之能。自古以来，那些总把功劳据为己有者，多是功亏一篑，举凡夯实众人之基者，则力压群芳，一枝独秀。造成这一切的原因，抛除历史背景、思想局限外，皆为利益遮眼，看不破、放不下，误了众人的承托。

职场，本就是众人集合而成。身在其中，你的表现或集众人，或偏个人，一目了然。需要时刻铭记的是，三人为众，一人为单。在任何团队和组织中，抛除合作精神而妄图一人制胜，都是不可取的。

令人感到困惑的是，不管新人老人，其中一些凭借着往日里与领导打得火热，便想借机上位，或是靠着一个点子就渴望登高，对周围人置之不理，急切表现之心可见一斑。但结果是可想而知的，一般来说，这种抛弃团队表现个人的行为大多无疾而终，鲜有能如愿以偿者，更关键的还在于后续危害巨大：老板眼里，你没有团队观念，凡事爱出头，爱表现，爱抢功，这样的员工，慎用之；同事眼里，你没有合作精神，机会来了争破头颅，机会不成熟拔苗助长，这样的同事，慎交之。若你是普通员工，大抵就承受这两类“提防”，一旦你身在中层，上中下三面失守，那实在叫人怜悯。

抱有“凭本事吃饭，别人爱说什么说什么”的想法者不在少数，只是这话千万别在你干了不讲究的事儿时出现，那更会“罪加一等”，给人一种你铁定是不合群的感觉。

团队、组织中需要各样的人才，一个成功的团队不需要某个人站出来邀功，外界自会给予公平的判定。而成功团队向来都是“集体出名”的，比如已被大伙熟知熟用的“西游团队”和“水浒团队”。“水浒团队”虽不至于是成功的典范，但重点在于警醒世人：个性太强、能力太强的一伙人，聚到一起干不成大事儿。

如果说你的好胜心凌驾于理智之上，在团队中断然不会有“好果子”吃。为啥？领导压着你，同事远离你，没有助你成就的基础，还强硬个啥劲儿？

“表现欲”人皆有之，职场新人更容易在这方面栽跟头。进入一个新环境，迫切地想过五关斩六将，“温酒斩华雄”，生怕别人不知道你有三头六臂。所谓“初生牛犊不怕虎”，新人的新姿态应当有所体现，但绝对要找准时机。带着团队一起火，肯定比你一个人火更带劲儿。

至于久经沙场的元老们，则更容易在老环境中犯新错误。且不说一鸣惊人的例子，倘使你苦熬了几年原地不动，好不容易逮着个机会，按照常理，真恨不能马上昭告天下：我要咸鱼翻身了。这会儿，什么风度、地位、职能，都可能被你抛在脑后，而合作者更会被你一脚踢开。

合作？老子就因为太注重合作了，才落得今天辛勤耕耘而默默无闻的下场，还跟我谈合作，呸！嘴上不这么说，心里肯定这么想。于是，我们看到了这样的一幕：秘密计划、细致盘算，除了领导，背着所有人干了一票大的。有时候，这种突袭效果不错，起码让领导眼前一亮：小周，不错呀，以前真没看出你有这两下子。而在同事和下属那里呢？有可能是这样的：老周怎么这样？计划我一提出，他就否定，结果自己却偷偷到领导那里献计献策，真是人心难测。

这么干个三两回，他这个人就废了。因为群众的眼睛是雪亮的呀，他一回得手，下回人家不得不防着他点。本来就不是靠着纯本事上位的，时间一长，尸位素餐，领导也会怀疑自己当初为一次漂亮仗提拔他是不是有些操之过急。

职场不是幼儿园，一块糖果你吃了，别人瞅着，转过头大家都忘了。那可是真金白银，碰着谁的利益、磕着谁的边儿都不是说说就算了的，不信你试试。所以说，都是大人了，做事得成熟、得考虑，不能“剃头挑子一头热”。

身在团队，就得遵守团队的规则，什么事儿该你干，什么事儿轮不到你干，心里要想清楚，别等到大家都指着你的鼻子，骂你是“团队的蛀虫”时才追悔，那时可真晚了。

> 成功团队向来都是“集体出名”的。团队、组织中需要各样的人才，一个成功的团队不需要某个人站出来邀功，外界自会给予公平的判定。

成功源于合作，合作源于团队

6名大学生到一家公司应聘，临近中午，老板给了他们15元钱，让他们到大街拐角处的一家餐厅吃饭。

到了餐厅，6人询问价钱。服务员告诉他们，餐厅里有面条和米饭，价格不高，可每份最低3元钱。6人一算，按照这样的价格，一共需要18元钱，而他们手里只有15元钱。无奈之下，他们只能垂头丧气地走出餐厅，回到公司跟老板说明情况。

老板听了他们的阐述后，无奈地摇摇头，说："真遗憾，你们虽然很有学问，可看来并不适合在本公司工作。"

6人很诧异，其中一个不服气地解释道："老板，我们6个人去吃饭，那家餐厅最便宜的也要3元一份，15元怎能让我们都吃上饭呢？"

老板笑着说："那家餐厅我之前就去过，5人或5人以上就餐，他们会免费赠送一份。显然，你们6人去吃的话，一定会得到一份免费的。只是，你们每个人想到的都是自己，而没想到凝聚起来，成为一个团队。这就说明了一个问题，你们都以自我为中心，缺乏团队精神，如此又怎能在一个团队中贡献力量，为公司创造价值呢?”

“团队”这个话题老生常谈，很难出新。我们都在强调团队建设，希望以此强化个人在团队、组织中的团体意识。事实上，我们中的任何一个，有今天的成就——辉煌的或平庸的，都是注重团队合作的结果。

想想看，不重视团队，怎能与人合作，又怎能从他人那里获得支持，换来当下的结果？如此说来，我们每个人都要重视团队合作，秉承“团队至上”的理念。不过，表面形成的这种团队概念并未深入人心，我们更愿意从个人利益的角度去诠释团队的含义。也就是说，与其说我们秉承“团队至上”的理念，倒不如说当团队能为自己带来利益时，我们才会秉持该理念。

我们真的懂得合作吗？未必。你不妨回想一下上次与他人合作是何时。当然，你们合作喝掉一瓶上千元上万元的红酒不算。抛开利益，你是否有过与人合作时是真诚地为团队作出贡献且又不求回报的时候？我只能说这很少，不能说一次也没有。

我们都从职场新人的路走过来，所以深知初入职场的行为、态度很关键。总以学习为动力，与他人合作以制胜，为团队谋福谋利的那种人，会在职场和人生路上走得更远。

懂得合作，善于合作，会逐渐形成一种集聚众人之能完成每件事的习惯，这习惯促使人更信赖他人，以达成合作目标。

崇尚团队合作，本质上就是成就个人，将个人利益最大化、无限化。只是，达成个人目标要以团队利益实现为前提，二者一旦颠倒，皆难成功。

合作是1+1，结果因人而异，有人说<2，因为一个人是龙，

两个人是虫，多出来的是累赘，成事无益；有人说 =2，这是普通解法，两个人的智慧自然比一个人的脑子容量大，故而更易成事；有人说 >2，原因在于智慧叠加引起的不是量变，而是质变；还有人说结果是“11”，两个“1”并列，果然是11，这是凸显合作可产生巨大能量的高端说法；更有人夸大了这个题目，认为1 +1，是“1111”，横竖组成的“ +”号也当成合作产生的能量。

其实，不管哪种说法，都旨在告诉我们合作的重要性，那早已超出了我们的想象空间。

善于合作，沟通无碍，目标清晰可见；精于合作，直达内心，凡事渴望必成；惯于合作，无所拘束，人生四通八达。职场需要合作，因为我们需要成功。

优秀组织从不缺乏优秀的个人，而优秀的个人也皆是善于合作者。在最初与职场相交之际，他们便把自己的前途与团队结合到一起，团队强，则他强；团队弱，他则设法让团队强。在这个过程中，这类人会悉心经营每一份关系，与同事相处融洽，与上级沟通到位，在他们眼中，让所有人拧成一股绳是牵动团队滚滚向前的唯一方法。

显而易见，并非所有人都赞同这个观点，纵使身在团队之中，终日接受熏染，他们也未必会被打动。他们对团队的解释是：老板的“幌子”。老板鼓吹团队的神奇力量和效应，以便让所有人死心塌地。客观点说，即便他们说的在理，甚至于当真如此，可离开了团队，没有成员间的互相照应，他们又怎能做出哪怕一丁点成绩呢？严重点说，不重视团队协作，在职场中寸步难行。

8 只黄蜂被困在一个密闭的小木箱中，几天之后，人们发现 8 只黄蜂全部死亡，而木箱的四壁，分别有 8 个小洞，每个小洞里都有一只黄蜂。观察这些小洞会发现，最浅的也有木箱厚度的一半。由此可见，8 只黄蜂一点都没想过集体突围，它们只是各自为政、孤独作战。想来，如果它们能轮流在一个小洞上持续钻上一会儿，是可以轻而易举钻透木箱的。遗憾的是，只顾自己逃命的它们最后只有死路一条。

参与到团队中，你能得到的最大的实惠即是：付出更少的努力，获取更多的回报。一份力量薄弱，十份力量强大。付出一份力量得到的回馈，是十份力量创造而出的，这是你单打独斗所难以斩获的。当然，这并不是个短暂的过程，甚至要持续付出很久。而一旦质变出现，结局将无比绚烂。

> 我们真的懂得合作吗？未必。抛开利益，你是否有过与他人合作时真诚地为团队作出贡献且又不求回报的时候？

职场加法来自合作

一匹马与一头驴一起工作。

一天，主人外出，在安排任务时分给了马更多的货物，而驴却只驮了一点。一路上，马感觉有点吃不消了，于是就跟驴商量："朋友，能不能麻烦你帮我分担一些货物？我实在受不了了，分出去的那些对你来说一定算不了什么，对我而言却是非常重要，会减轻我极大的负担。"

驴有点不耐烦地说："朋友，我们各自做各自的工作，凭什么让我来为你分担呢？"驴果断拒绝了马的请求。

不久，马因为过度劳累死了，主人就把原本马干的活全部交由驴去做。此时，驴才感到负重，它想起了马的话，悔不当初。

显然，不懂得合作、忽视合作，认为合作只会害苦自己的人，最终必然会因产生这样的想法而真把自己害苦了，同时还会害了别人。

没有合作，职场路肯定走不顺。原因是，再大的嘴，一下子也吞不掉一个胖子；再大的锹，一下子也挖不出一口井。胖子要慢慢吃，跟别人分享着吃；井要一点点挖，跟大家一块挖。

任何人都无法垄断职场中的利益，只能先尝一点好处、继而持续尝一点好处、然后持续尝很多好处。

怎么在这种递进关系上一步步走？

个人能力不足，请求组织帮忙，分担了压力，最后大伙都有财力；

诱惑太大，与他人分享，既累不死，又能持续收获，一举两得；

老板压给你任务，还不是因为你“叫唤”得厉害？适当让那些迷糊老板知道，瘦死的骆驼，比马大不了多少，还不如一匹骆驼配上两匹马，骆驼干着轻松，马也得到了实惠。回头他们心里对你尽是感激，何乐而不为呢？

职场中的机会俯拾皆是，你不能一头独大，更不能大包大揽。长线投资，短期收益，玩的是战略性职场，这可是人生的智慧。

当然，方法容易掌握，落实很有难度。职场中的合作向来带有较强的功利性，即使平日里不错的同事关系，也赖以相互分担来维系。可这并不是坏事儿，同在一个战壕，说不定哪天哪位就“阵亡”了，共事时多一份照顾，日后相见时就多一份情感。这在职场上是种“潜规则”，潜在的制胜规则。

职场合作，有分担，自然也有互补。分担压力，互补能力，你不行，不代表别人不行。一件事情棘手，你做不来，那就找能做的人。两厢契合，达成目标，你的职场竞争力才更强。

杰克是一名刚刚从电视上脱颖而出的小演员，长相英俊、演技不赖，并逐渐从跑龙套的角色转变成戏中的主要角色。对他而言，前途一片光明，可单靠自己的摸爬滚打，想走红颇有难度。他需要有人为他包装、宣传，以便更红，所以当务之急，就是有一个公关公司为他在各个媒体上进行宣传，以扩大其知名度。

丽萨曾就职于一家大型公关公司，熟知行业内各项业务，且拥有广泛的人脉。借此，她创办了一家公关公司，寄希望于打入娱乐圈。只是，她困惑于没有合适的演员、歌星让她包装——因为他们并未看中一家小公关公司。于是，她还只能靠着一些小买卖去维持公司的运作。

幸运的是——这是双重幸运，丽萨和杰克相遇了，他们发现彼此缺少的条件和机会都能从对方身上找到。就这样，合作成了自然而然之事。杰克借助丽萨的公关公司迅速声名鹊起，接到了越来越多的通告；而随着合作的渐入佳境，丽莎的公关公司也名声大噪，两人通过互补性的合作，实现了双赢。

双赢，是职场最漂亮的合作制胜方式。你说你是赢家，可一盘点，原来你牺牲了他人的利益。在一个团队中，你是胜利方，别人就是失败方；你得意了，别人就失意了；你舒畅了，别人就郁闷了。虽然这与个人能力挂钩，但总不算是彻底的完胜。

想想看，老板器重你，别人就妒忌你，就会排挤你，就会针对你，就会诬陷你，就会打压你，就会远离你……这一切自然就会毁了你。与其自己胜，不如跟别人一起胜。话又说回来，任何团队中个人的成功，都离不开他人的帮忙，因为合作才是制胜之道。

借由职场合作而来的人生合作，一样遵循着这样的轮回。人的生命有限，可以做的事情亦不是永恒的。在有限的时间创造更大价值的唯一办法，就是与人合作，让他人的能力成为你的助力，由此转化为动力，最终自然就强化了你的生命力。

如果你仍崇尚“个人英雄主义”，奉劝你还是早作打算，摒弃这个观念，因为你误读了这一切。那些赫赫有名的“个人英雄”，无一不是通过与他人携手而铸就瑰丽的，轮到你，却断章取义，这岂不荒唐至极？

从现在这刻起，不如敞开心扉、勇于接纳、崇尚沟通、重视合作——这就是在喊口号，而目的自是希望你的职场一直响彻着胜利的号角。

职场中的机会俯拾皆是，你不能一头独大，更不能大包大揽。长线投资，短期收益，玩的是战略性职场，这可是人生的智慧。

顺畅沟通让合作更默契

张丹工作能力出众，被老板升任为公司制造部经理。上任伊始，她就对制造部进行了一番改革。她发现，生产现场的很多数据都难以及时反馈到总部，所以她决定从革新生产报表入手。

原本，这件事要经过老板同意，可她觉得这对公司有利无害，所以就自作主张，开始落实计划。

公司产品部的主管李明得知后，便跟老板汇报了此事。因为制造部的动作关乎产品部的生死存亡，张丹私自做决定，于公司发展不利。

从李明口中，老板得知的消息与张丹的初衷截然相反：李明告诉老板，张丹不但想独揽制造部，还想越权产品部，不少同事表现出了质疑和反感。为此，老板找到张丹询问情况。张丹一头雾水，表示自己一心为公司，绝无二心。不过，老板因李明的汇报先入为主，还是决定暂停张丹的工作。而张丹在得知是李明上报后，对李明亦是心有不满。就这样，公司的制造部和产品部的同事也有些“剑拔弩张”，继而原来还一团和气的公司氛围就因两位主管使用了错误的沟通方法而被打破了。

沟通的顺畅性，决定了结果的正误。沟通有障碍，再精密的部署也只是镜花水月。因此，保持“口之门”的大开，才能促使“心之门”的打开。

小时候我们都做过这种游戏（现在的娱乐节目也常见）：题板上有一句话，A 看了之后用肢体传递给 B，B 依靠自己的理解再将动作传递给 C，C 再传递给下一位……最终那位接收者，要根据接收到的肢体动作来猜测题板上的那句话。

我们因这个游戏获得快乐的同时，也应该从中看到另一个问题：由于个体理解的偏差，导致每个人对肢体动作所传达的意思都理解不同，于是最终的接收者就很难精准地猜出那句话是什么。肢体如此，语言依然。

通过语言表达出的意思，相对来说更直观，也更容易让人明白含义。只是，为何这看似简单的信息交流过程，却往往失之毫厘，谬以千里？显然，这是因为所谓的沟通根本没有达到沟通的目的，即未能实现顺畅沟通。如此看来，我们在职场上若“突然”不被老板重视，抑或遭到同事排挤，很可能是因为我们在与这两方面沟通时存在“障碍”。

沟通的目的是达成目标，绝不能为了沟通而沟通。在一个单位里，老板是老大，他的话就是圣旨。对待不同老板，沟通的方式自然也有所不同。

与凌厉型老板沟通，你得大刀阔斧，雷厉风行，别让他觉得你扭捏。同时，做事争取一步到位，杜绝返工。

与阴柔型老板沟通，要摸清他的脾气，掌握火候。急流勇退、过犹不及，这样的老板总是话里有话，让人应接不暇。因此，在他手下当差，要不远不近、不亲不疏，这会让他觉得你很有“自知之明”。

与和善型老板沟通，只需要一条：交代给你的工作务必落到实处，圆满完成，不然他会伤心，他一伤心，你就没法再翻身了。因为他那么和善，你还让他伤心，你说你是不是得卷铺盖走人了？

与老板沟通的技巧很多，但殊途同归，目的永远只有一个：制胜。能与老板沟通好，你就等于在职场中多了一道“免死金牌”。打个比方，一项任务需要你跟同事协调，同事若不太愿意，你的金牌一出，他肯定乖乖听话。虽然这种沟通达到的效果会有“盛气凌人”之嫌，但由此产生的合作效果却是完美无比的。

值得注意的是，你绝不能仅为了与老板保持顺畅沟通以让预想的合作达到最佳效果而与同事结怨。在某种程度上讲，与老板顺畅沟通，是为了与同事默契合作。

与同事的沟通显然没有与老板沟通那么“讲究”，身在职场与在生活中基本一致。你在生活中是什么样的人，在职场中就更容易与个性相似的同事走近。当然，这里存在一个细微的差别：你会为了达成目标而与并不投契的同事合作，但在生活中却未必如此。不过，无论身处哪个环境中，“众人拾柴火焰高”都是亘古不变的道理。因而，友善相处、顺畅沟通，是保证合作默契、实现共赢的关键。

平视沟通常见于同事之间，能力有高低，但人格均等。大家同在一个屋檐下混口饭吃，彼此照应总胜过明枪暗箭。而在与同事沟通上，也务必本着真诚、积极与鼓励、利他之心等原则。懂得换位思考，你就明白站在他人角度看问题的重要性。

人是依附性动物，只有彼此承托才能生存、发展。不管在陌生环境还是在熟悉环境中，与环境中其他个体顺畅而精准的沟通，是形成合作的基础，合作也会在此类基础上更为默契，从而合作双方才更容易各取所需。

保证沟通顺畅性的方法不一而足，每个人都有自己的一套理论，但任何招数都逃不过一个核心：了解沟通对象的“心”。

铁门上挂着坚不可摧的铁锁，铁棍不服气，使出最大力气试图撬开它。可不管铁棍怎么用力，铁锁都安然无恙。

这时，钥匙来了，瘦小的它一下子钻进铁锁的小孔中，只轻轻旋转，铁锁就“啪”地一声打开了。铁棍很诧异，问道：“我力气这么大都打不开它，为什么瘦小的你却轻松地打开了呢?”钥匙说：“因为我了解它的心。”

所谓对症下药，沟通上也一样不能忽视这一点。沟通对象的心理预期，决定了你与他的沟通是否如你所愿。良好沟通源于“需求的互补性”，你的沟通目的是从沟通对象身上获得某种元素，而沟通对象又缘何不是如此呢?只有做到知己知彼，合作才可能发生，继而才可能收获渴望的丰硕成果。

赢在沟通，合作制胜。顺畅的沟通会为你在职场上斩获更多的机会，由此而来的完美合作，更能令你在职场上如鱼得水。只是你要记住一点：沟通有前提，合作有条件，你首先与人方便了，人家才能与你方便。

> 对待不同老板，沟通的方式自然也有所不同。与凌厉型老板沟通，做事争取一步到位，杜绝返工。与阴柔型老板沟通，要让他觉得你很有“自知之明”。与和善型老板沟通，只需要一条：交代给你的工作务必落到实处。

第八章

做最好的执行者

执行是为完成任务，完成任务是为提升自我，明晰这个因果关系，你的执行才能到位，才更容易为自己赢得机会，才更能『一劳永逸』。

态度端正，你就赢了

A 某应聘一家公司会计主管之职，对此他志在必得。老板给他和另一个应聘者出了一道题：统计某项目年度收支情况。这对数学很在行的 A 某来说真是小儿科，可他也不敢掉以轻心，细致计算后，便完成了题目。几分钟后，另一人也完成了。随后，老板开始审阅。

最终的结果令 A 某大跌眼镜，他未被录用。A 某诧异地询问原因，老板告诉他："你未做月末统计，而另一人不但做了，还将季度统计一并做出。虽然这不在考核范围内，但年度统计正是因每月合计得来，这反映出的是作为会计主管专业而严谨的态度，非常抱歉，在能力相当的情况下，我们更看重的是态度。"

能力相当，背景相仿，有的人上位了，有的人下课了，差在什么地方？原因众多，但态度是关键。

对于老板交代的任务，你可以因能力不足而拒绝接受，但绝不能接受之后没有认真对待的态度。执行稍差，可以原谅，态度打折，无法弥补，这反映出的是一个人的职场素质。

老板要的是结果，故而执行是第一位。计划拟定了、步骤清晰了，剩下的就是执行到位。这其中自然存在能力强弱造成的执行效果差异，强者，顺利执行，达到标准；弱者，全力以赴，也未见成效。不过，这全然不是划分职场等级的绝对条件。

在世界五百强企业中，举凡优秀的员工，都善于把上级交付的工作完美地执行到位。这其中包含果断执行和审慎执行两层意思。

果断执行，一目了然，发挥长处，逼迫潜能，遵照原则，达成目的；而审慎执行，顾名思义，能力尚弱，可态度诚恳，认真严谨，虽然完成任务的途中费些周折，不过有始有终，结果还是皆大欢喜的。相比之下，果断执行是冲锋陷阵，而审慎执行则多有曲径通幽之意。

对待任务足够果断，在某种层面上说，即是耗费更少资源，以最快速度搞定一切。此种心态的具备，是对任务的重视，更是对老板的忠诚、服从，由此，态度的端正程度可见一斑；而审慎执行呢？这种心理上对不确定性的预期，加重了对待任务时的谨慎心思，显然，在为求尽善尽美完成任务上，这种态度十分可取——小心翼翼本身，就是种难得的认真。

遗憾的是，职场中大部分人难以成为先锋官，他们的能力也没高到让老板全然信赖的地步。于是，在这样的现实面前，新人老人拼的就是态度。你有虚心求教、认认真真的态度，就更容易获得历练的机会，虽不至一次便把你推到成功的当口，但内心却有了容纳成功的“模子”，这是最大的收获。

在任何团队中，若你作为下属，就必须知道自己应该干什么，到底怎么干，干了之后利弊得失如何，老板交代的任务核心是什么。能力差了不要紧，可这些问题要弄清。弄清问题，便是负责任的态度的一种表现。试想，上级一项任务下来，还没搞清楚到底是干什么，怎么干，便一拍胸脯：我搞定。结果乱子一出，在哪儿都不好交代。

《三国演义》里的张飞有执行力不？肯定有，而且还挺强。不过态度不够端正，或者说不够庄重，接到大哥刘备的什么任务都风风火火、张牙舞爪，结果好心办的全是坏事儿、乱事儿、差事儿。这样的员工，在老板眼里自然被归属到“慎用”的行列。

要说执行与态度并重的，还得是关二爷。有勇有谋，粗中有细，刘备的任务一下来，他自己就在脑子里过一遍，分析利害关系，哪轻哪重。甚至于，想达到某种效果也一并在他的计划之中。显然，老板最重视这样的人。而像关二爷这样的员工，在一个组织里即使能力次之，也定有出头之日，原因就在于凡事态度先行。

执行的态度不只涉及认真与否，还在于是否谦逊、宽容。

这是什么意思？接到老板安排的任务，你是什么心态？第一种心态：任务小菜一碟，手到擒来。于是不必言语，神情早已暴露了内心实感。你的这种心态源自能力强于任务，你有十足的把握顺利完成任务。不过，在老板眼里，你不够谦虚，日后实难委以重任。

第二种心态：任务还是小菜一碟，可你却更加谨慎，绝不能在阴沟里翻船。如此，老板内心对你自然“点头称是”——嗯，这小子不错，态度谦和，不急不躁，这样的人办事靠谱。就这样，你在不知不觉间就为自己的职场路或设置路障，或铺设便捷桥梁，对此你是浑然不觉的，只有再次碰到任务，用心观察老板的话里话外，才能窥见一二。

而所谓的“宽容”，其实很简单：谁说老板就一定高明，从未下达过愚蠢的指令？人无完人，老板跟我们一样，也是一路“错”出来的。因此一旦老板在下达命令上有偏差，你无需恼怒，试着宽容一次老板，这会从侧面让你的执行力更饱满更圆润。永远记住，老板没有错，错了也是你错。

值得一提的是，大多老板通情达理，并能依靠事件判断每一个下属的表现。你的宽容，在此刻会为你赢得分数。毕竟，找一个能力超群而个性极强的下属，远不如能力可塑且可以包容他人的下属，能力可以培养，态度却是个人修为，很难物理性地去锻炼。

显而易见，从职场中历经年月和事件磨砺出的态度，在指导人生走向方面一样可大展拳脚。多了谦逊，你的人际关系将更能理顺；多了宽容，谦逊程度将进一步加强。神奇的是，平日里的处事态度，自然而然会在职场上有所展示，这种职场和人生角色的变化，一点都不影响个体在不同环境中的完美呈现，反而能相互促进、彼此糅合。

职场中，执行力很关键，它决定了一个人能否快速达成目标；但态度更关键，它决定了你的执行力是否有机会施展。做最好的执行者，更要做态度的先行者。

大多老板通情达理，并能依靠事件判断每一个下属的表现。你的宽容，在此刻会为你赢得分数。毕竟，找一个能力超群而个性极强的下属，远不如能力可塑且可以包容他人的下属。

执行是一种“精神”

彼得是耶稣的门徒之一，一次，两人一同远行，途中他们发现地上有块破损的马蹄铁。耶稣让彼得捡起来，可彼得却不肯弯腰去捡，假装没听见，继续赶路。耶稣见状，便自己弯腰捡起了马蹄铁，并用它在一个铁匠那里换来了三文钱，买了十几颗樱桃。

出城后，两人奔着目标地一路前行。走在茫茫的荒野上，耶稣口渴了，他觉得彼得也应该如此。于是，就把袖子里藏着的樱桃故意掉出来一颗。彼得一看，马上弯腰捡起来吃了。就这样，耶稣一路走一路掉樱桃，彼得就一次次狼狈地弯腰捡樱桃。最后耶稣笑着跟彼得说：“如果按照我最初说，你弯一次腰，我也就不用一次次重复扔樱桃，你也就无需一次次弯腰捡樱桃了。”

一次弯腰，为的是日后无需再弯腰。你曾弯过腰吗？别误会，这里的弯腰是执行，而不是别的什么。

或者笼统而饱受争议地这么说吧，一次到位的执行，将得到一次彻底的回报。相反，那些慢吞吞地完成一项任务的人，则只能一次次付出不懈的努力，最终才能收获一次到位执行得来的回报，而这自然没有一步到位来得畅快。

执行是一种精神，畅快淋漓、落实到底。

如果细致地剖析执行，它有点抽象，不如“聪明”让人容易理解，也没有“勤劳”叫人一目了然。它更趋向于循序渐进，是在过程中体现出来的。对职场中人来说，这种能力的具备或是天赋使然，或是后天形成。谈天赋的话，这在人群中少见；谈后天呢，也一样不多见。毕竟成功人士再多，也没有平头百姓多。

对职场菜鸟而言，执行力如同老板交代的“任务”一般。老板交付一项任务，菜鸟们只当自己接到了一项任务，觉得自己是在帮老板做事儿，之后拿工钱。不少老板也就这样稀里糊涂地认为，末了加上一句：务必落实到位啊！好家伙，一句话，就和自己的下属划清了界限。

很多时候，老板不在意言辞修饰，他们有更重要的事情要做。可你不能不假思索地如黄牛般埋头苦干，你得琢磨。琢磨什么？——老板的任务，不只是任务，是机会。机会来了，得把握啊。可怎么让任务变成机会呢，很简单，落实到底。就如老板那句“务必落实到位”一样。老板的意思，就是让你贯彻执行，执行到位。对你来说，执行到位了，机会就来了。因此，有时不是老板糊涂，而是你糊涂。搞清楚这件事儿，你就懂得怎么在职场上安身了。

最著名的关于“执行力是一种精神”的例子，十有八九发生在西点军校。“报告长官，是”、“报告长官，不是”、“报告长官，不知道”、“报告长官，没有任何借口”。不管面对什么问题，回答都要如此简洁。而这背后，就是果断且直接的执行。要么执行，要么拒绝执行，除此之外没有其他答案。

而对职场老手来说，执行力是什么呢？是一种考验。在一个单位混久了，跟老板也熟络一些，你知道老板是什么人，他也一样了解你。所以任务下来了，什么样的事儿你能做，什么样的事儿勉强，老板心里有谱。你作为老手，在执行上肯定有经验。如果你还是原地踏步的职位，就得提高警惕了，为什么混了这么久，还卡在当下？很重要的一个原因，就是你的执行力不强，交代你的事儿多为反复，老板姑且给你面子，可你不能给自己面子。找到原因、解决问题，这是往上爬的关键。

南方某工业城市里有一家跨国公司。一天，该跨国公司的80多名中国区高管齐聚于一幢摩天大厦的50层，前来参加这一年一度营销年会的还有50多名美方高管。

经过一番紧张的总结和部署，会议结束了。突然，参加年会的美方总裁站起身，说："全体人员跟我一起跳下楼去！"一瞬间，屋内的空气凝聚了，只见那些美方高管们马上站起身，目光全部锁定在总裁身上。

美方总裁的这一举动把中方高管们吓住了，他们也忙不迭地站起身，桌椅撞得稀里哗啦乱响，他们惊惶地看着美方总裁，心里嘀咕着："这老家伙是不是疯了！"

很明显，绝对服从是执行力的一种表现。对老板的话没质疑、不怀疑，你才可能更趋近个人利益。职场需要服从，需要贯彻到底的执行，任何人，无论新老，一视同仁。

联想集团名誉董事长柳传志说："战略也制定了，但是主要是能不能执行，或者是制定时的条件和执行时的能力够不够强……"不管计划多么周密、步骤多么明快、预测多么乐观，执行不到位，一切都是泡沫。

对个人来说，执行力就是办事能力。大事快办、急事先办、乱事巧办，谈到执行，什么事都应办，这样的下属是老板的最爱。

要成为最棒的执行者，必须负责任地执行，绝不能应付式执行。执行是为完成任务，完成任务是为提升自我，明晰这个因果关系，你的执行才能到位，才更容易为自己赢得机会，才更能“一劳永逸”。

绝对服从是执行力的一种表现。职场需要服从，需要贯彻到底的执行，无论新老，任何人一视同仁。对老板的话没质疑、不怀疑，你才可能更趋近个人利益。

为老板着想，就是为自己着想

一家文化公司的老板准备办一本杂志，杂志上市前，他开始紧急招人。A 和 B 两人同来面试，该老板对他们二人均十分满意，决定留下，便询问他们对工资有什么要求。

A 说：“这个行业我比较熟悉，而且业内很多杂志、报纸都打算雇佣我，工资基本都在 6000 元以上，如果在您这里工作，也应该是这个标准吧。”老板有点为难，可他又不想错过人才，于是点头答应了。

在询问 B 时，B 说：“这样吧老板，我们不谈工资，您创业不容易，我先工作，合适的时候您觉得多少就多少。”

事实上，A、B 两人都知道该老板是有一定实力的，A 的想法是：不宰白不宰，过了这村就没这店了；B 的想法则是：创业不易，能跟着老板一起干，以后肯定有发展的机会。就这样，两个想法截然不同的人进了同一家公司。

几个月后，杂志办得越来越火，公司里便急需一个总编辑来主持大局。很显然，B 最后拿到了这个职位，而 A 则屈居其下，还在做着普通的业务。

搞定老板，方法多样，但绝不要硬宰。老板何等聪明，宰了他一次，下次你想都别想，而且他肯定有办法从你身上找回那次“挨宰”的损失。老板不是“人肉提款机”，幻想着哄骗就把他玩得团团转简直异想天开。

大河无水小河干，职场上的白领们不要动不动就想着对单位大肆搜刮一番，让自己的腰包鼓鼓的。短期内这的确可让你“套现”，可长久下去，你的人生就会被“套牢”。

“为自己着想”，这是人特有的心理。不信你跟周围的同事和朋友聊聊，他们很可能会说：“人生一世，干吗苦了自己？及时行乐，多为自己着想才是实事。”细数一下你大致的人生脉络：大学毕业找工作，找到工作赚钱养活自己，谈了对象又多了笔开支，于是在单位努力赚钱，到了嫁娶阶段，又是一笔不小的花销，婚后孩子出来了，奶粉钱得赚、学费得赚……你真的挺累，所以为自己着想没错。

可是，你是怎么为自己着想的？

大部分人脱不了上面的轨迹，但有些人洒脱，有些人郁闷，为何如此？原因就在于潇洒的人为自己着想是有条件的：老板不是提款机，他的钱并非随便就能从他口袋里拿出来，只有跟着老板一条心，工资待遇少计较，多干活、少八卦，才能顺顺利利走向“小康社会”。

这说起来有点太轻松了吧？其实情况大抵如此。你懂得为老板着想，就不会计较眼前个人利益得失，对待工作更积极、心态更阳光，把老板交代的任务做得格外透亮，因为你知道你并非在为他工作，你是在为你的将来工作。经验积累了、能力提升了、阅历丰厚了、人脉叠加了，路子一宽，还愁没钱？

真正有智慧地为自己着想的方式，就是首先为你的老板着想，起码在单位这个环境中，他是给予你一切的人：衣食住行、职场发展。而这种工作态度与生活态度也是相通相融的，即会让你更多地站在他人的角度为他人着想。

一位僧人走夜路，因为太黑而被迎面走来的人撞了好几次。过了一会儿，他看到前面有人提着灯笼走来。这时，有人说："这个瞎子太奇怪了，自己看不见还打着灯笼。"

僧人也很好奇，他走到盲人面前，问："你是盲人吗？"

盲人回答："是的。"

僧人："既然你是盲人，为什么还打着灯笼呢？"

盲人说："因为这样的话，别人就不会撞到我了。我是为了照亮别人，让他们看清前面的路。"

黑暗中的一点光，足以照亮前方的路。身在职场的你，为别人点亮一盏灯的同时，最受益的其实是自己。换句话说，与人方便，与己就更方便了。

现在想想看，在工作中你是不是避重就轻的人？老板分下来的任务有难有易，简单的谁都爱做，但做完了是得不到提升和褒奖的。在老板看来，任务那么简单，谁做不来呢？那根本体现不出一个人的能力。此时的你呢？任务完成，开始邀功，也不琢磨一下你到底付出了多少。

其实，职场中的难题，永远是让你快速晋升的捷径。在一个环境中得到的历练，可能并非会为你在此环境中层层拔高提供助力，但从整个职场上说，你无疑在慢慢积累综合竞争力，使得你在新环境中满身"绝活"。

因此，为老板着想，就不妨去找问题、接难题，任务再重也压不死人。久而久之，你在老板心中的浮标自然就会漂到最高层。

“为老板着想”背后的另一层含义，还在于你能在潜移默化中成为最好的执行者。想想看，你要搞定老板，就得让他“开心”。他怎么能开心？当然是你把任务做得漂亮，事儿办得明白。这在职场上成了划分“高人”和“庸人”的原因之一。故而，在努力做事之时，你无形中就逼迫自己释放着潜能，让人看到你的价值。

为老板着想，服务于为自己着想；为自己着想，又得以为老板着想为前提。但归根结底，你应时刻牢记“为自己”，毕竟个人利益是驱动我们朝着更高山峰攀登的中心力量。

职场讲究发展，人人渴望晋升，方法说了千万遍，落实始终是关键。弱水三千，只取一瓢，盯住了目标，认准一个法门，带着老板的心态去工作，你就会成为自己职场上的老板、人生中的老板。

为老板着想，服务于为自己着想；为自己着想，又得以为老板着想为前提。但归根结底，你应时刻牢记“为自己”，毕竟个人利益是驱动我们朝着更高山峰攀登的中心力量。

掌握方法，提高你的执行力

查理虽然不是商学院毕业的硕士、博士，但从事顾问工作的他也迅速地积累了千万财富。在整个公司里，所有员工几乎每周都要工作 70 个小时以上，但他却是例外。他很少到公司去，且每个月只召开一次股东大会，他比较喜欢把时间用来打网球和思考。在管理上他很强硬，可从不高调张扬。

他身边的朋友很奇怪："嘿，查理，为什么不见你工作，公司的效益却还是那么好，你的执行力从哪儿来?"

查理笑着说："我手下有五个主管，我只要把他们弄明白就行了。"

找对门、探对路，方法对头，万事不愁。职场上的执行力，不是蛮干、硬干，而是巧干。余世维说："执行力就是按质按量地完成工作任务的能力。"对这句话要有准确的理解，千万别想歪了。

质，即是达到目的；量，则是速度和数量。有些人一谈到执行力就反问——那不就是非常高效地完成任务吗？那不就是更多地完成任务吗？如果这两种想法捏在一起，也算是对执行力完美解析了。可是，职场中的大部分人都只能做到其中一点，保证速度，质量差了；质量提升，速度慢了。显然，这是“迟钝”的执行力。

混职场，晋升是关键。实现晋升的方法千差万别，不同人会传递给你不同的经验。有直捣黄龙的，有曲径通幽的，有借力上位的，有独挑大梁的，任何一种方法其实都未见得适合你，因为经历、个性和习惯的迥异，会让结果相去甚远。真正能让你在职场上晋升的不二法门，即是跟上自己内心的节奏，用自己的双手“杀出一条血路”。

这就与执行力挂钩了。直捣黄龙者，勇气过人，老板交代的任务三下五除二，一一摆平，这是果断的执行力；曲径通幽者，智谋第一，顺着小路曲线上升，对待任务“四两拨千斤”，这是阴柔的执行力；借力上位者，盘活手头资源，借力打力，个人的任务多由众人齐力完成，这是凝聚的执行力；独挑大梁者，能力超群，横刀立马、舍我其谁，靠着气势和出众的才能攻克一座座堡垒，这是独舞的执行力。

不管哪种执行力，都是找对了门路、用对了方法。只是，理论归理论，一切虚幻都得回归现实。

果断者，可能因为不够圆滑而触怒他人；阴柔者，可能因为不够直爽而让人讨厌；凝聚者，可能因为揽工推过而犯了众怒；独舞者，一定会因为不合群而遭到排挤。这么说来，难道就没有哪种方法是一定会让你的执行力提高且有效落实的？

其实不然。提高执行力的方法不一而足，但若能把握四个字：责、实、快、新，估计你的执行力应该是没话说的。

责，即责任——在所有环境中，责任意识和进取精神堪称将一切工作做好的首要条件。直白点说，你的执行要建立在为老板谋福利的基础上，同时要勇于承担、拼搏进取。

单位不是你的家，可胜似家。有了主人翁的心态，做什么事都会有高姿态：损人利己的事不做，坑害单位的事不做；利己利人、赢得荣誉的事抢着做。

实，即务实——不管在什么样的单位，做一件事像一件事，干一件事成一件事，不怕慢、就怕站，“务实”的执行力才最有价值。所谓“集腋成裘”，能力不足时做小事，小事累加就成了大事。老板暂时不看好你不要紧，只要步步为营、稳扎稳打，就不愁没有出头之日。

当然，务实不等于慢。务实被很多人偏激地理解为慢慢干，一点点干，这样不会出错。的确，慢工出细活，但用“十年磨一剑”的心态去执行任务，别说老板得急死，任务本身都得急死。

快，即效率——有节奏的“快”，是效率性执行力产生的关键。接到任务，马上行动、立即行动，总给人一种爽快、雷厉风行的感觉。不过，重要的不在于给人留下的印象，而在于你内心务必掌握快速的节奏，杜绝懒散、拒绝拖拉，这不但会让老板爱上你，“职场快车道”也会自然而然为你敞开。

新，即创新——在提升执行力上，秉持“方法各异”者都会慢慢研究出一套适合自己的路数，这也决定了我们无法锁定一种方式而无限地“粘贴复制”下去。可万变不离其宗，能在执行上求新、出新、创新，具有较强的改革精神，个人执行力的提升也将“一日千里”。

生搬硬套、拿来主义，已成为职场中人的一种习惯。定势思维和传统经验下产生的执行力，是保守的、迟钝的，随着职场因素和人们情绪的渐变，那也是不合时宜的。

执行讲究方法，方法中的方法就是创新。当然，这并不意味着你非得创造出一种全新的、前所未有的提升执行力的方法，只要你的方法省事节能，可顺利地激发自己快捷、精准地达成目标，那就是一种无与伦比的执行力。

四字要诀，虽不完胜，却也凝练。以此为发端，你若能钻研出更适合自己提高执行力的方法，那自然是你之福、组织之福、社会之福。

穆尔在一家油漆公司当业务员，当时他的月薪是160美元。穆尔不满足这样的薪资，他给自己拟定了一个目标：每个月1000美元。

之后，他琢磨着怎样去实现目标。经研究他发现，大约80%的业绩都来自20%的客户。同时他也发现了自身存在的一个“短板”：此前，无论能否在他的销售业绩上贡献力量的客户，他都会花上相同的时间去接触。此时研究清楚业绩的主要来源后，他把自己所有客户都一一列出，将其中购买量最小的36个客户退回公司，而后全力服务其余的20%的客户。

戏剧性的一幕很快发生了，穆尔第一年便实现了自己拟定的每个月1000美元的目标。而第二年，这个目标被轻轻松松地超越了。后来，他成为了一家油漆公司的董事长。

有时候，找方法不如找缺陷，而这在人们常规思维的领域里，绝对是种收效颇丰的创新方式。

找门道儿固然重要，但你若能想清楚：为什么我的执行力不强？这无疑是叩开了收获的大门。结对线才能点对灯，只有掌握了正确的方法，你的执行力才会获得极大的提升。

> 提高执行力的方法不一而足，但若能把握四个字：责、实、快、新，你的执行力就应该是没话说的。

敢于担当，老板也敢让你当

甲乙两人同就职于一家快递公司，且是同组搭档。两人工作一直很努力，老板比较满意。

一天，两人接到了一项任务：将一个古董送到指定码头。临行前，老板反复交代：古董十分贵重，一定要小心。尽管小心翼翼，可岔子还是出现了。在码头，甲把古董交给乙的时候，乙却没能接住，结果古董摔碎了。

老板严厉地批评了二人，让他们回去等待处罚结果。乙很有心计，他趁着甲不在，跑到老板那里："老板，这事不是我的错，是他不小心弄坏的。"老板点点头，说："谢谢你，我知道了。"

随后，老板叫来甲询问情况。甲很中肯，把事情的原委一一叙述，最后他说："这件事的确是我们失职，我愿意承担责任。"

几天后，老板把两人一同叫到办公室："古董的主人已经看见你们递接古董时的情况，他跟我说了整件事。而事情出现后，你们二人的态度我也已经知晓。所以勇于承担责任的继续留下工作，逃避责任的就不用来上班了。”

责任是个普通的词儿，但前面加上承担和逃避，性质大变。

不管是谁，都希望在别人眼中是个勇于承担责任的人。可残酷的现实是，大多数人都紧挨着“逃避责任”：功劳是我的，责任是你的；谨慎的是我，疏忽的是你。这种心态扼杀了原本指望着在职场上大杀四方的新人、老人的幻想。

提到承担责任，不少人想到的第一种情况是：完了，出事儿了，老板要找背黑锅的。于是，唯恐避之不及的他们四处逃窜，寻找着各种庇护——小张告诉我报价可以做到最低，所以我才……单位制度有些刻板，所以我……他们的想法是：能躲则躲，避免在老板那里留下污点。只是，这种为自己洗刷“罪名”的方式，真是屡试不爽吗？

老板看似优哉游哉，每日工作闲散，在你眼里好像没什么正事儿。可事实上，他们的眼睛是雪亮的，每一个下属的表现都清晰地印刻在他们心里：重要任务，找小周；棘手事情，找小李；外界对接，找小张……他们心里有本账，是你看不到的账。因此，你那边的风吹草动、蛛丝马迹可是尽收他们眼底的。

“别把老板当傻子”——你可能常跟别人说这话，轮到你自己，怎么就忘了呢？在“人精”面前，你表现得越诚恳谦卑、敢于承担，他们就越愿意让你担当、越敢让你担当。试问哪个不知死活的老板愿意把重大任务交付于一个胆小如鼠的下属？回头下属说不定还会来一句“对不起老板，这不是我的错”呢！

职场虽不是战场，不需要头破血流，不需要谁当炮灰，但该冲上去的时候就得两眼一闭，奋勇向前。金庸先生的知名武侠小说《神雕侠侣》中，郭靖夫妇与一群好汉守住襄阳城后，有一段关于重新编排“五绝”的戏码，其中，“西狂”杨过送了一个“侠”字给郭靖，是为“侠之大者，为国为民”，郭靖担起重担，保家卫国，勇于承担护城重责，实在有“大侠”之风范。如果他唯唯诺诺，蒙古兵一来撒丫子跑了，黄蓉肯定不会嫁给他。

勇于担当，不只是职场中你在老板面前讨好的一种方式，也是一种由内而外的品质，“硬学只有样，自然才芳醇”。

在单位里，你肯定看到过那些凡事抢在前，主动承担责任、大包大揽的人，或许，他们在你眼里有点疯狂，甚至于“热心过头到有些愚蠢”。你对他们的评价是：努力表现，争取立功，以得到老板的器重。一旦他们在解决问题上有所偏差，你可能暗自庆幸——幸好自己不像他那样，尽干些费力不讨好的事情。

你的这种心态绝不会让你有丝毫主动担当的勇气，因为你惧怕失败，更惧怕失败后来自老板的苛责、同事的奚落。于是，一个显而易见的结局就此出现：你害怕担当，老板就害怕让你担当。

二战名将巴顿的墓志铭上有这样一句话：“如果命运安排我去死，那就让我勇敢而光荣地为最大限度地消灭敌人而死！”如此视死如归，也正体现了巴顿将军一生勇于担当的勇气。

一个敢于担当的人，也恰是一个有着更强执行力的人。借由勇气而产生的担当行为，让人更明白自己到底要怎么去做。

老板安排了任务，主动请缨者多会想着两件事儿：第一，完成任务的步骤；第二，绝不能给老板丢脸。不给老板丢脸，就是不给自己丢脸，所以为了自己的面子，在执行上也不会打折。换句话说，勇于担当更像是逼迫自己尝试“不可能完成的任务”的行为。而往往，经过打磨的人总能在这种自我逼迫下产生巨大潜能，继而漂亮地完成任务。

担当是一种态度，更是一种品质。职场上的担当，会让你有更多接触成功的机会；而人生中的担当，则会让你赢得更多——家庭和睦、朋友和善、他人和顺。担当责任、有效执行，你的职场和人生都将绽放金色的光芒！

> “别把老板当傻子”——你可能常跟别人说这话，轮到你自己，怎么就忘了呢？在“人精”面前，你表现得越诚恳谦卑、敢于承担，他们就越愿意让你担当、越敢让你担当。